Estudiando la contrainsurgencia de Estados Unidos: manuales, mentalidades y uso de la antropología

Estudiando la contrainsurgencia de Estados Unidos: manuales, mentalidades y uso de la antropología

Gilberto López y Rivas

SEGUNDA EDICIÓN AMPLIADA

ocean
sur
0 7
SEVEN STORIES

New York • Oakland • London

Seven Stories Press/Ocean Sur
140 Watts Street
New York, NY 10013
www.sevenstories.com

ISBN: 978-1-925019-04-9
Library of Congress Control Number: 2013938094

153010840

Índice

Terrorismo global de Estado

Para poder explicar el fenómeno del terrorismo global de Estado es necesario observar sus implicaciones con el fascismo, pues existe una relación estrecha entre ambos. De hecho, una definición clásica de fascismo, formulada en 1935 por la Internacional Comunista, plantea que «Fascismo en el poder es la dictadura abierta y terrorista de los elementos más reaccionarios, más chovinistas y más imperialistas del capital financiero».[1] Esto es, el terror de la burguesía para proteger sus intereses estratégicos, utilizando las variantes nacionalistas, el apoyo de clases medias descontentas y sectores desclasados del movimiento obrero.

El terrorismo del capital financiero nazifascista, por ejemplo, se desarrolló en un espacio internacional multipolar que guardaba un precario equilibrio y chocó con una amplia alianza de potencias capitalistas y con la enorme fuerza socialista de la época representada en la Unión Soviética. Además, el fenómeno fascista, con su aniquilamiento de las «razas inferiores», comunistas, minorías étnicas, homosexuales, discapacitados, etcétera, y su expansionismo territorial, era un proyecto imperialista de dimensiones limitadas. «El mundo» de mediados del siglo XX no había alcanzado las dimensiones globalizadas del actual.

También, la identificación de fascismo para definir el fenómeno que se manifiesta a partir de las guerras neocoloniales a Afganistán e Irak es necesaria, porque no se ha generado todavía un término más adecuado para caracterizarlo. La ideología y la práctica política supremacistas del grupo que encabezó George W. Bush en su pasada presidencia guardan grandes similitudes con el fascismo (tales como el predominio del militarismo y la creencia ciega en la tecnología militar, el favoritismo hacia las grandes corporaciones en la distribución de contratos militares, el racismo que se expresa en el genocidio de pueblos enteros, el ultra nacionalismo, el *darwinismo social*, etcétera), aunque, naturalmente, la coyuntura histórica de principios del siglo XXI es muy distinta a la del siglo XX.

En 1998 se llevó a cabo la Convención de la Organización de la Conferencia Islámica sobre la lucha contra el terrorismo internacional. Dicha Convención elaboró un documento que en su artículo primero puntualiza que terrorismo es: «Cualquier acto de violencia o amenaza, prescindiendo de sus motivaciones o intenciones, perpetrado con el objetivo de llevar a cabo un plan criminal individual o colectivo con el fin de aterrorizar a la gente o amenazarla con causarle daño o poner en peligro su vida, honor, libertad, seguridad, derechos».[2] A renglón seguido la declaración manifiesta en el artículo 2: «La lucha de los pueblos, incluida la lucha armada contra el invasor extranjero, la agresión, el colonialismo y la hegemonía, que persigue la liberación y la autodeterminación de acuerdo con los principios del derecho internacional no se considerará un crimen terrorista».[3]

Los estadounidenses tienen otra visión del terrorismo, la cual se expresa en la siguiente definición: «Violencia premeditada, con motivación política, perpetrada contra objetivos no combatientes por grupos no estatales o por agentes estatales clandestinos, habitualmente con el propósito de influir en una población».[4]

La anterior definición olvida algo fundamental: la situación latente en el lugar del acto catalogado como terrorista, y, en consecuencia, la naturaleza defensiva u ofensiva del acto violento. Tal definición también olvida referirse al Estado como una entidad que puede infundir terror directamente y no de forma solo «clandestina». Con lo anterior, los estrategas estadounidenses (a los que hay que sumarles los europeos) intentan evadir su responsabilidad en las acciones violentas dirigidas contra otras naciones en sus lances neocolonialistas e imperialistas. Esta es la razón por la cual los representantes de Estados Unidos y de otros países capitalistas se negaron a que se ampliara la definición de terrorismo a los actos cometidos por los Estados en el debate sobre el tema en la Organización de Naciones Unidas.

Distintos analistas, entre ellos Noam Chomsky y William Schulz (dirigente de Amnistía Internacional en Estados Unidos), aseguran que existe una forma de terrorismo de Estado, pues cuenta con el soporte del aparato estatal para su puesta en práctica. Chomsky asegura que existen varios tipos de terrorismo: *Terrorismo internacional, terrorismo a gran escala (dirigido contra un grupo numeroso de personas), terrorismo a pequeña escala (enfocado hacia individuos), terrorismo individual y terrorismo de Estado.*

Acerca de este último, Schulz señala que existen tres niveles fundamentales de la represión del sistema social de clases: el primero pasa por una estructura económica, el segundo nivel es el del ejercicio de la represión sistémica «ordinaria» del Estado y el tercer nivel es el de represión estructural que perpetra el Estado en violación de las normas del derecho nacional e internacional.[5]

Esto es, el terrorismo de Estado se ve obligado a transgredir los marcos ideológicos y políticos de la represión «legal» (la justificada por el marco jurídico tradicional) y debe apelar a «métodos no convencionales», a la vez extensivos e intensivos, para aniquilar a la oposición política y la protesta social, sea esta armada o desarmada.

Un problema de fondo para definir al terrorismo es considerar que en la gran mayoría de los casos el derecho se tuerce y se retuerce a favor de los grandes intereses y, lamentablemente, perjudica a los débiles. Antístenes, considerado uno de los siete sabios de la antigüedad griega, aseguraba que efectivamente las leyes asemejaban una telaraña, porque los ricos y poderosos podían romperla, mientras los pobres y débiles se enredaban en ella. ¿Qué podemos pensar de un Estado, como el estadounidense, que ha acumulado un enorme poder destructivo al ponerlo en la balanza de la justicia? ¿Qué decir de las invasiones a Afganistán e Irak, donde el gobierno estadounidense ni siquiera se tomó la molestia de declarar la guerra, quebrantando el sistema internacional consagrado en la Organización de Naciones Unidas? ¿Cómo meter en el mismo rasero a los *kamikazes* palestinos y al Estado de Israel, cuando este último realiza una guerra de ocupación y aniquilamiento del pueblo palestino, violentando cuanta recomendación de la ONU se ha elaborado para detener la guerra de exterminio?

Si se da una posición contrapuesta a la hora de definir el terrorismo, inevitablemente se tienen que observar las condiciones objetivas de las situaciones particulares en las que se desarrolla. No podemos promover justicia en un espacio en el que se ponen a convivir leones con corderos. Este tipo de justicia es parcial, pues beneficia única y exclusivamente a quien detenta el poder militar y económico por sobre la soberanía y autodeterminación de los pueblos. El sometimiento creado por los países militar y económicamente avanzados por sobre las naciones subordinadas, inevitablemente lleva a una significación de este proceso como indicador del sometimiento imperialista e, inevitablemente, a la lucha de clases en el ámbito interno.

Sin embargo, utilizar como estrategia prioritaria la acción aislada y beligerante en contra de los ejércitos de ocupación o la dictadura de la burguesía es contraproducente, pues se niega la posibilidad del crecimiento coordinado de un movimiento masivo en contra de la violencia ejercida por los enemigos, pues se le arrebata a la comunidad la voluntad requerida para actuar en conjunto. Trotski, desde los inicios del siglo XX, sostenía: «Para nosotros el terror individual es inadmisible precisamente porque empequeñece el papel de las masas en su propia conciencia, las hace aceptar su impotencia y vuelve sus ojos y esperanzas hacia el gran vengador y libertador que algún día vendrá a cumplir su misión».[6]

Y prosigue:

> Nos oponemos a los atentados terroristas porque la venganza individual no nos satisface. La cuenta que nos debe saldar el sistema capitalista es demasiado elevada como para presentársela a un funcionario llamado ministro. Aprender a considerar los crímenes contra la humanidad, todas las humillaciones a que se ven sometidos el cuerpo y el espíritu humanos, como excrecencias y expresiones del sistema social imperante, para empeñar todas nuestras energías en una lucha colectiva contra este sistema: ese es el cauce en el que el ardiente deseo de venganza puede encontrar su mayor satisfacción moral.[7]

También, es necesario deslindar las acciones revolucionarias del terrorismo. El terrorismo finalmente obedece a los intereses de las clases dominantes. Se han presentado en no pocos lugares del planeta, situaciones de degradación de las actividades revolucionarias. Fenómenos de bandidismo, secuestros de población civil, agresiones a pueblos indios, colusión con el narcotráfico y lumpenización de los elementos revolucionarios, indican el siempre latente peligro de desvirtuar los objetivos revolucionarios, si no media el ejercicio permanente del imperativo ético y los principios humanistas que caracterizan al socialismo libertario.

Estados Unidos ha elevado el terrorismo al rango de política estatal global, más dañina y peligrosa para la humanidad porque es llevada a cabo por un aparato especializado y diversificado de subversión y con el apoyo de la maquinaria bélica del más grande Estado capitalista. A este respecto, Marta Sojo escribe:

> Ningún terrorismo es justificable, pero el de Estado es de los más execrables porque utiliza todos los recursos del aparato oficial para ejercer la violencia de manera ilegitima contra sus pretendidos enemigos. Hoy por hoy, este fenómeno es apreciado como uno de los más serios de la contemporaneidad. Hay escasas descripciones de la acepción, pero lo cierto es que con el tiempo, dadas las sistemáticas violaciones de los derechos humanos a escala universal por las autoridades que deben garantizarlos, el termino ha adquirido especial fuerza.[8]

La Agencia Central de Inteligencia (CIA, por sus siglas en inglés), desde su creación en 1947 ha sido el órgano fundamental del gobierno estadounidense para realizar las tareas de la «guerra sucia» que no puede ser caracterizada más que como «terrorismo», si tomamos la definición de este término del propio Buró Federal de Investigaciones (FBI) estadounidense como «el uso ilegal de la fuerza o la violencia contra personas o propiedades para intimidar o coaccionar a gobiernos, a la población civil o un segmento de la misma, en la persecución de objetivos sociales o políticos».[9] Este terrorismo de Estado global no puede ser enfrentado con otro terrorismo, si no con la organización revolucionaria y consciente de todo el pueblo, como sujeto protagónico fundamental, encaminada a establecer un mundo en el que el terrorismo sea una pesadilla de un pasado ya superado.

Factores que contribuyen a la profundización del terrorismo

Destaco los siguientes factores específicos que contribuyen a la profundización del terrorismo y en particular del terrorismo global de Estado. La construcción frustrada de variados esfuerzos nacionalitarios y las vicisitudes actuales de los Estados nacionales constituyen una de las fuentes de las múltiples formas de violencia tanto revolucionaria como terrorista. Los grupos de poder hegemónicos, conjuntamente con los diferentes pueblos y sectores sociales y étnicos, tardaron entre cincuenta y doscientos años en construir los actuales Estados nacionales. Esta es una de las fuentes más frecuentes para propiciar formas organizativas que recurren al terrorismo.

Actualmente está minado el concepto tradicional de soberanía nacional, principal sostén del Estado-nación, y en muchos casos, los gobernantes se han transformado en virtuales gerentes de las trasnacionales, lo que determina una separación o ruptura de la clase política con la sociedad. Esto tiende a un deterioro del consenso entre gobernantes y gobernados. Esta crisis de legitimidad deriva en que el Estado tenga cada vez menos capacidad de garantizar el desarrollo social.

Con el derrumbe del sistema socialista se eliminó el factor principal del equilibrio mundial. Surge un mundo unipolar, en el cual Estados Unidos se erige como la potencia hegemónica, en juez y gendarme planetario. El gobierno de Estados Unidos se ha valido de dictadores, jefes tribales, líderes nacionalistas, jerarcas étnicos y terroristas de todo tipo, para lograr sus objetivos de dominación global.

Otro factor es la existencia de un mercado internacional de armas totalmente incontrolado. Los frecuentes conflictos a escala mundial, y su falta de resolución de acuerdo a los intereses de los pueblos, han provocado la persistencia de focos bélicos y el movimiento de gran cantidad de armamento de un lugar a otro del orbe con extrema facilidad.

Estados Unidos e Israel sostienen buena parte de sus economías sobre la base de la industria armamentista, que es de carácter privado. La forma como ha prosperado el negocio de las armas en Estados Unidos, que pone a la disposición de particulares arsenales sofisticados completos, señala una privatización del uso de la fuerza. Atentados como el de Oklahoma lo demuestran. Otro fenómeno similar ha sido la puesta «al mercado» del enorme potencial armamentista exsoviético, con las mafias involucradas en este lucrativo negocio.

Al desaparecer la contención soviética en Medio Oriente, se incrementa la política agresiva de Israel en la región, lo que ha desatado una espiral de violencia. Los gobiernos ultra nacionalistas israelíes han llevado a cabo campañas militares de exterminio, y han desconocido sistemáticamente las múltiples resoluciones de la ONU con respecto al problema palestino. La posibilidad de una solución pacífica a este largo conflicto se torna siempre difícil, a la vez que multiplica el odio basado en factores nacionalistas, lo que da lugar a posiciones cada vez más irreductibles. Todo ello constituye un ambiente socio-político propicio para el terrorismo.

El neoliberalismo provoca fenómenos de polarización en el ámbito global y en cada uno de los países, que deriva en situaciones de exclusión social, económica y política de la mayoría de la población, de tal forma que se crean sociedades neuróticas y criminalizadas. Desapareció el Muro de Berlín y se creó el muro que separa a los globalizados de los marginados, de los excluidos de la globalización. Eso es un foco de conflictos, y por lo tanto generador de violencia.

La muerte por hambre y enfermedades curables, la pauperización forzada de la mayoría de la población, la idea de que la «política» no sirve, el rencor social o basado en criterios raciales o étnicos, son algunos aspectos que hacen sentir, a escala global, que se está sobre un polvorín.

La derrota circunstancial de las ideas socialistas, sobre todo las que sostuvo el modelo soviético, posibilitó que el individualismo posesivo y competitivo se encumbrara como la cosmovisión predominante en la sociedad al inicio del siglo XXI. Este comportamiento puede degenerar en *darwinismo social* que llevaría a la humanidad a un camino sin retorno. Hoy más que nunca es urgente un nuevo orden civilizatorio, y entender que si bien ha muerto una experiencia concreta de socialismo, sigue vivo un sistema de pensamiento que revolucionó el siglo XX y que dejó abierta la posibilidad de un futuro mejor.

El mapa político y económico del mundo se ha transformado de manera regresiva. Asistimos al surgimiento de un nuevo colonialismo de matriz estadounidense que pretende imponerse sobre la humanidad. Aún con Obama en la presidencia, Estados Unidos se autoproclama «el poder supremo del mundo». Esta creencia se fundamenta con argumentos incluso teológicos, merced al «auto convencimiento» de que ese país está designado por la *providencia* para combatir «el mal».

Estados Unidos está creando las condiciones para que todo el planeta sea su esfera de influencia. Con este fin busca vaciar de contenido al conjunto de organismos internacionales creados en la segunda posguerra. Estados Unidos pretende cambiar los ejes rectores de las relaciones internacionales, esto es, sustituir la preocupación por conservar la paz mundial, la solución pacífica de las controversias, y la autodeterminación de los pueblos, por una sola misión: *combatir el terrorismo internacional,* reservándose el «derecho» de determinar quién es terrorista.

Las invasiones y ocupaciones de Afganistán e Irak por parte de Estados Unidos significaron una afrenta a los pueblos musulmanes. La masacre de civiles, la destrucción de infraestructura material y del patrimonio cultural, no es consecuencia «natural» del choque de civilizaciones, sino fruto de la voluntad hegemónica del imperio unipolar y de la absoluta ignorancia de los gobernantes estadounidenses acerca de lo que Irak significa para el patrimonio cultural de la humanidad.

En octubre del 2007 se presentó el informe «Crímenes de guerra cometidos por Estados Unidos en Irak y mecanismos de responsabilidad», preparado por la abogada especializada en derechos humanos Karen Parker, presidenta de la Asociación de Abogados Humanitarios con sede en San Francisco, California. Este documento, publicado electrónicamente por numerosas organizaciones estadounidenses que se manifiestan en contra de la guerra y la ocupación de Irak, constituye un extraordinario alegato jurídico que de llegar a sus últimas consecuencias llevaría ante una corte internacional al propio George W. Bush, comandante en jefe de las fuerzas expedicionarias de Estados Unidos, y a sus generales, por genocidas y criminales de guerra.

El informe parte de la hipótesis que la actual violencia de la guerra y el caos que reinan en Irak son resultados directos de la ilegalidad de la invasión, ocupación del país y de las estrategias, tácticas y armamento utilizados para mantener dicha ocupación. El informe documenta fehacientemente estas transgresiones y convoca a todos los estadounidenses a exigir una investigación para enjuiciar a los dirigentes civiles y militares que violan leyes internacionales y las propias leyes de Estados Unidos. Contrario al argumento del Pentágono de que los abusos y las violaciones a las leyes humanitarias en Irak son perpetrados por unas cuantas «manzanas podridas» identificables en los ejércitos de ocupación británico y estadounidense, la investigación sostiene que la esencia misma del inicio de la guerra, los bombardeos, las decisiones tomadas desde la cúspide de la jerarquía civil y militar para la conquista de Irak en el 2003, así como la actuación de las fuerzas ocupantes hasta la fecha, los evidentes fracasos para reconstruir y garantizar la infraestructura civil y social básica y la seguridad pública, el armamento y tácticas de combate a la resistencia, el inhumano trato a hombres, mujeres, ancianos y niños, constituyen crímenes de guerra que integran un contexto general en el que actúa toda la cadena de mando, desde los generales a los soldados rasos.

El trabajo inicia con una revisión de la ley humanitaria internacional que cubre una amplia variedad de instrumentos legales: las Convenciones de Ginebra de 1949 (de la I a la IV) y sus protocolos adicionales (I y II), varias resoluciones de la Asamblea General de la ONU sobre Crímenes de Guerra y Contra la Humanidad, la Convención de La Haya, que entre otros temas y disposiciones refieren a los derechos de combatientes enfermos y heridos; los derechos de prisioneros de guerra; los derechos de civiles y su protección en conflictos armados; la prohibición de tipos específicos de armamento, los derechos de fuerzas combatientes y beligerante, etcétera.

Existen tres ramas de la ley humanitaria moderna que rige:

1. La conducta en combate.

2. El tratamiento de las personas afectadas por la guerra.

3. El uso de armas especiales.

Estas leyes prohíben, por ejemplo, los ataques a centros de población civil indefensa, edificios dedicados a la religión, educación, arte y cuidados médicos. No está permitido el pillaje, la toma de rehenes, represalias contra los civiles, las órdenes de no dejar supervivientes, los ataques a hospitales, ambulancias, almacenes de comida, medicinas, presas, instalaciones nucleares y otras que puedan crear un peligro para la población civil. El personal médico no puede ser blanco de ataques ni puede ser juzgado criminalmente por realizar sus tareas. La tortura, incluyendo violaciones o tratamiento inhumano, está prohibida en todas las situaciones. Las partes del conflicto deben ocuparse de heridos y muertos. Están prohibidas *armas especiales* o *no convencionales* como las nucleares, bacteriológicas, biológicas o toxicas de cualquier tipo, tales como las municiones con uranio enriquecido ampliamente utilizadas en esta guerra.

El informe da cuenta para el caso de Irak de crasas, permanentes y crónicas violaciones a todas las regulaciones descritas y aquellas que rigen las obligaciones básicas de un poder ocupante. Basta revisar someramente la prensa internacional dedicada a la guerra en este país y aún la controlada por los censores de las fuerzas armadas estadounidenses y británicas, para enumerar la larga lista de trasgresiones al orden jurídico internacional y aún al propio Código de Estados Unidos sobre Crímenes de Guerra, sección 2441, que estipula la responsabilidad de quienes dentro o fuera del país violan las convenciones internacionales firmadas por Washington en Ginebra el 12 de agosto de 1949, así como los protocolos a dicha convención.

El Informe va más allá de las posiciones que en el interior de Estados Unidos sostienen una actitud ambivalente con respecto al derecho a la resistencia del pueblo iraquí al afirmar que los «civiles de un país ocupado no tienen obligación de lealtad al poder ocupante» y todo civil que toma las armas contra los invasores pierde su calidad de «civil» pero adquiere los derechos y obligaciones de *combatiente*, tales como ser considerado, en caso de ser detenido, como «prisionero de guerra». La Convención de Ginebra reconoce el estatus de «combatientes» a las personas que espontáneamente toman las armas frente al enemigo, ya que de acuerdo al principio de autodeterminación y las leyes que lo rigen «un pueblo tiene derecho a resistir, con la fuerza si es necesario, a un ocupante extranjero». El documento critica el uso del término de «terrorista» o «insurgente», aplicado indiscriminadamente por los medios y los invasores y reitera que el pueblo iraquí mantiene su derecho a la resistencia hasta que los poderes ocupantes abandonen su país. Meritorio y valiente informe: (www.consumersforpeace.org).

Esta estrategia de dominación tiene un efecto contrario al deseado por Washington: en vez de eliminar el terrorismo, genera en numerosos sectores de la población la idea que lo único posible contra la fuerza de Estados Unidos, son los sacrificios y la inmolación.

Los repudiables atentados a las Torres Gemelas de Nueva York, le proporcionaron al grupo gobernante de Estados Unidos las condiciones para: a) legitimar un gobierno surgido del fraude, y b) lanzar una ofensiva contra la humanidad entera, cuya primera etapa impactó al mundo árabe, con un *slogan* nada original: «el que no está conmigo, está contra mí».

El terrorismo de Estado, que se oculta bajo el disfraz de lucha contra el terrorismo, está provocando en la población planetaria un sentimiento generalizado de odio contra el gobierno (que no contra el pueblo) estadounidense. Ese odio creciente tendrá valor si se transforma en una acción política organizada en forma sistemática por parte de pueblos y gobiernos adversarios del imperialismo yanqui, de tal forma que sean derrotados sus intentos regresivos y creen las condiciones para el derrumbe del mundo unipolar.

La lucha contra el terrorismo del gobierno de Estados Unidos es en realidad un embate continuo contra la democracia y los derechos humanos. Esta situación se hace más que evidente después del trágico 11 de septiembre, con el cercenamiento de las libertades civiles del pueblo norteamericano. Las medidas de control migratorio que comprenden un fichaje político-policial de todos los ciudadanos que pretendan ingresar al territorio del vecino del norte, constituyen una nueva violación al Derecho Público Internacional, ya bastante lastimado. Las autoridades mexicanas, en complicidad con Estados Unidos, establecen controles migratorios hacia sus vecinos pobres, que deriva en un estado policial supranacional de claro corte autoritario global.

En este trabajo propongo el concepto de «terrorismo global de Estado» para caracterizar la política de violencia perpetrada por aparatos estatales imperialistas en el ámbito mundial contra pueblos y gobiernos con el propósito de infundir terror y en violación de las normas del derecho nacional e internacional. Sostengo que en el estudio y análisis del terrorismo se ha enfatizado el terrorismo individual y el de grupos clandestinos de todo el espectro político, obviando y dejando a un lado el papel del imperialismo estadounidense y los Estados capitalistas en la organización del terrorismo interno y en el ámbito internacional. El terrorismo global de Estado violenta los marcos ideológicos y políticos de la represión «legal» (la justificada por el marco jurídico internacional) y apela a «métodos no convencionales», a la vez extensivos e intensivos, para aniquilar a la oposición política y la protesta social a nivel mundial.

Estudiando la contrainsurgencia de Estados Unidos

En octubre de 2007, *The New York Times* publicó un artículo de David Rohde, sobre la considerada por los militares estadounidenses como «nueva arma crucial en las operaciones contrainsurgentes»: un equipo integrado por antropólogos y otros científicos sociales para su utilización permanente en unidades de combate de las tropas de ocupación de Estados Unidos en Afganistán e Irak.[1] El corresponsal informa que este singular involucramiento de las ciencias sociales en el esfuerzo bélico estadounidense constituye un exitoso programa experimental del Pentágono que, iniciado en febrero de 2007, había sido tan recomendado por los comandantes en el teatro de la guerra que en septiembre de ese año el secretario de Defensa, Robert M. Gates, autorizó una partida adicional de 40 millones de dólares para asignar equipos similares a cada una de las 26 brigadas de combate en los dos países mencionados.

En el mismo artículo se destacan las reacciones críticas por parte de un sector importante de la academia estadounidense que no duda en considerar el programa como «antropología mercenaria» y «prostitución de la disciplina», comparándolo con lo ocurrido en la década de 1960, cuando se utilizaron antropólogos en campañas contrainsurgentes en Vietnam y América Latina (Plan Camelot).

Ya en su sesión anual en noviembre de 2006 y con la presencia de cientos de sus integrantes, la *American Anthropological Association* condenó por unanimidad «el uso del conocimiento antropológico como elemento de tortura física y sicológica», ante el alegato de que los torturadores de la prisión Abu Ghraib, en Irak, pudieron ser inspirados por la obra de un antropólogo, a partir de la idea que «hombres árabes humillados sexualmente podrían llegar a ser informantes comedidos».[2]

En julio de 2007, el antropólogo Roberto J. González escribió un excelente artículo,[3] en el que detalla críticamente las contribuciones de antropólogos en la elaboración de dicho manual. González demuestra, incluso, que algunas de estas «contribuciones» no son innovadoras desde el punto de vista de la teoría antropológica y más bien parecen «un libro de texto introductorio de antropología simplificado —aunque con pocos ejemplos y sin ilustraciones».

La antropología mercenaria estadounidense se caracteriza por la beligerancia y el cinismo con que justifica la estrecha colaboración entre antropólogos y militares en guerras imperialistas y violatorias de los más elementales derechos humanos y los principios fundacionales de la Organización de Naciones Unidas. Una de sus más aguerridas defensoras y autoras intelectuales es la antropóloga estadounidense Montgomery McFate, quien se impuso la tarea de «educar» a los militares y cuya misión en los últimos cinco años ha sido convencer a los estrategas de la contrainsurgencia de que la «antropología puede ser un arma más efectiva que la artillería». McFate ignora y le exasperan las críticas de sus colegas en la academia, a quienes considera encerrados en una torre de marfil y más «interesados en elaborar resoluciones que en encontrar soluciones». Ella es ahora la «comisaría política» de los militares, una de las autoras del citado manual de contrainsurgencia, creadora del programa *Sistema Operativo de Investigación Humana en el Terreno*, iniciado por el Pentágono, y consejera de la Oficina del Secretario de Defensa. Todo un éxito del *American way of life*.

En realidad, la participación de antropólogos en misiones coloniales e imperialistas es tan antigua como la propia antropología, la cual se establece como ciencia estrechamente ligada al colonialismo y a los esfuerzos por imponer en el ámbito mundial las relaciones de dominación y explotación capitalistas. Un clásico sobre el tema es el libro de Gérard Leclercq, *Anthropologie et colonialisme*, que en su introducción asienta:

> El nacimiento común del imperialismo colonial contemporáneo y de la antropología igualmente contemporánea puede situarse en la segunda mitad del siglo XIX. Trataremos de poner en evidencia la relación de la ideología imperialista, de la que la antropología no es sino uno de sus elementos, con la ideología colonial, y las razones por las cuales una investigación «sobre el terreno» se hacía necesaria y posible por la colonización de tipo imperialista.[4]

Hay que recordar en México el papel protagónico que jugaron los antropólogos en la elaboración de las políticas indigenistas desde el momento en que Manuel Gamio —padre fundador de la disciplina en este país— definió a la antropología como «la ciencia del buen gobierno», iniciándose un maridaje entre antropólogos y el Estado mexicano que fue roto en parte hasta que el movimiento estudiantil-popular de 1968 creó las condiciones para que las corrientes críticas se manifestaran y denunciarán el papel de complicidad de la antropología mexicana posrevolucionaria en el afianzamiento del *colonialismo interno* que rompió la rebelión zapatista.

El grotesco maquillaje cultural de la antropología contrainsurgente no cambia la naturaleza brutal de la ocupación imperialista ni ganará la mente y los corazones de la resistencia y de los millones de estadounidenses que se manifiestan de manera creciente contra la guerra.

El *Manual 3-24* de contrainsurgencia estadounidense

Como expresión del grado de involucramiento de la alta burocracia académica en los esfuerzos belicistas del imperialismo estadounidense, la Universidad de Chicago publicó en julio de 2007 una edición de bolsillo —de chaqueta militar, naturalmente— del nuevo *Manual de campo de contrainsurgencia 3-24.* Esta abierta complicidad de los círculos de educación superior con la maquinaria de guerra de Estados Unidos, provocó un alud de críticas de los intelectuales independientes estadounidenses, quienes con rigor analizaron el texto coordinado por el general David H. Petraeus y condenaron el vergonzoso papel jugado por las autoridades universitarias que consintieron en editar un *Manual* destinado a la persecución, tortura y asesinato de seres humanos y a la ocupación militar de países en los «oscuros rincones del mundo» en los que Estados Unidos pretende hacer prevalecer sus intereses.

Uno de estos críticos es David Price, autor de un demoledor artículo traducido al castellano y publicado por *Rebelión*: «Prostitución de la antropología al servicio de las guerras del imperio»,[5] en el que demuestra el plagio realizado —en particular en el capítulo tercero del *Manual*— de autores como Victor Turner, Anthony Giddens, David Newman, Susan Silbey, Kenneth Brown, Fred Plog, Daniel Bates, Max Weber, entre otros. Este capítulo, considerado por Price como central, fue escrito por la antropóloga Montgomery McFate, quien —recordemos— es una de las más fervientes partidarias de la utilización de la ciencia antropológica en la contrainsurgencia a partir de equipos de antropólogos «empotrados» en las unidades de combate en Afganistán e Irak.

Price destaca esta carencia de ética intelectual debido a que «las pretensiones de integridad académica constituyen el fundamento mismo de la estrategia promocional del *Manual*», que ha sido alabado por los mercenarios intelectuales del Pentágono en los medios masivos de comunicación y en periódicos y revistas como *The New York Times*, *Newsweek* y otras publicaciones estadounidenses.

También, el *Manual* ha provocado una reacción de alborozo en los medios militares de otras latitudes. El general brasileño Álvaro de Souza Pinheiro, por ejemplo, lo considera «el documento doctrinario de contrainsurgencia más bien elaborado que el mundo occidental ha visto hasta hoy en día» e informa que «gran parte de los ejércitos de la OTAN ya está en proceso de reformulación de sus documentos similares, teniendo como base el reciente manual norteamericano».[6]

Seguramente que la Secretaría de la Defensa Nacional mexicana, a través del Plan México, está analizando tal novedad editorial para poner al día sus viejos manuales de guerra irregular y mejorar sus campañas contrainsurgentes en Chiapas y otros estados de la república, ahora con el auxilio de antropólogos empotrados —a la moda McFate— que ayuden a «comprender» a los militares las culturas de los «nativos» que se rebelan contra el orden establecido.

La lectura del *Manual* es obligatoria para entender la mentalidad de los intelectuales de la guerra «contra el terrorismo». El prefacio firmado por el general Petraeus (que estuvo a cargo de las fuerzas expedicionarias de Estados Unidos en Irak) y por el general James F. Amos, del tristemente célebre Cuerpo de Marines, muestra que los militares estadounidenses se tornaron, si no marxistas, por lo menos *dialécticos* pues descubren que: «El Ejército y el Cuerpo de Marines reconocen que cada insurgencia es contextual y presenta su propio conjunto de retos».[7] Por ello, una campaña de contrainsurgencia requiere que:

> Soldados y Marinos [así, con mayúsculas en todo el texto] utilicen una mezcla de tareas de combate con habilidades más frecuentemente asociadas con agencias no militares […].
>
> Se espera que Soldados y Marinos sean constructores de naciones lo mismo que guerreros. Ellos deben estar preparados para ayudar a restablecer instituciones y fuerzas locales de seguridad y asistir en la reconstrucción de los servicios básicos. Ellos deben de ser capaces de facilitar el establecimiento de la gobernabilidad local y el imperio de la ley. La lista de estas tareas es larga; hacerlas involucra una cooperación y coordinación con muchas agencias intergubernamentales [de Estados Unidos], de la nación huésped y del ámbito internacional […]. Conducir una campaña de contrainsurgencia exitosa requiere de una fuerza flexible, adaptable, dirigida por líderes ágiles, bien informados y astutos culturalmente.[8]

El análisis de este prefacio a la luz de la ocupación neocolonial de Irak descubre que estos «constructores de naciones» han sido quienes sin justificación alguna llevaron a cabo una guerra violatoria del marco jurídico internacional contra un Estado independiente y miembro de la Organización de Naciones Unidas, misma que ha ocasionado la muerte de 650 000 iraquíes, la destrucción de la infraestructura básica de servicios públicos, el éxodo de millones de habitantes hacia el exterior, el saqueo y destrucción de su patrimonio cultural, el asesinato premeditado de sus escritores, docentes, médicos y abogados. La potencia ocupante estableció un gobierno pelele de colaboracionistas al que eufemísticamente llama «gobierno de la nación huésped», el cual se sostiene solo por la letal astucia cultural de Soldados y Marinos y el imperio de la ley de Estados Unidos.

Por cierto, el 2007 fue el más mortífero para las tropas de ocupación con 858 soldados estadounidenses muertos hasta el 6 de noviembre y 3 855 acumulados desde 2003 (61 996 muertos y heridos por causas hostiles y no hostiles). ¿Será que el *Manual* no está funcionando? ¿Qué los Soldados y Marinos no leen? ¿Qué los antropólogos empotrados no hacen bien su trabajo? ¿Será, tal vez, que la insurgencia es más dialéctica que la contrainsurgencia?

Un supuesto básico del *Manual de Contrainsurgencia 3-24* es que Estados Unidos tiene el derecho de intervenir militarmente en el ámbito mundial, lo cual se contrapone con los principios y leyes del marco jurídico internacional que dieron origen y constituyen el fundamento de la Organización de Naciones Unidas. Así, el *Manual* sostiene que su doctrina:

> [...] por definición es amplia en perspectiva y contiene principios, tácticas y procedimientos aplicables *en todo el mundo* [...]. Esta publicación tiene como propósito ayudar a preparar a los jefes del Ejército y del Cuerpo de *Marines* a conducir operaciones de contrainsurgencia en *cualquier parte del mundo*.[9]

Para justificar esta extraterritorialidad castrense —como ya mencionamos— los estrategas utilizan una entelequia jurídica denominada *«nación huésped»*, cuyo gobierno «invita» a Estados Unidos a la contrainsurgencia contra su propio pueblo, aunque dicha *autoridad* sea impuesta con posterioridad al derrocamiento del gobierno legalmente constituido y la ocupación militar del país por las fuerzas expedicionarias de Estados Unidos. Ya en la anexión del archipiélago de las Filipinas en 1898, Estados Unidos libró su primera guerra de contrainsurgencia del siglo XX contra la rebelión encabezada por Emilio Aguinaldo, con el pretexto —según el presidente estadounidense William McKinley— de «educar, elevar y cristianizar a los filipinos».[10]

También, en la guerra contrainsurgente de Estados Unidos en Nicaragua contra el general Augusto C. Sandino —quien derrotó una y otra vez a los *marines* estadounidenses— los yanquis emplearon la táctica de enfrentar «nativos contra nativos», al crear la Guardia Nacional encabezada por Anastasio Somoza García, quien finalmente asesinó a Sandino en 1934.

Otra de las ideas-fuerza del *Manual* es que al poseer Estados Unidos una abrumadora superioridad militar convencional, sus enemigos luchan por medio de una guerra no convencional:

> […] mezclando tecnología moderna con antiguas técnicas de insurgencia y terrorismo […] En contrainsurgencia, el lado que aprende y se adapta más rápidamente —el que tiene mejor organización para aprender— usualmente gana. Contrainsurgencias han sido llamadas competencias de aprendizaje. Entonces, esta publicación identifica que «aprender y adaptar» es un imperativo moderno de contrainsurgencia para las fuerzas de Estados Unidos.

A partir de esta premisa, el *Manual* concluye:

> Irónicamente, la naturaleza de la contrainsurgencia presenta retos a los sistemas tradicionales de lecciones-aprendizaje;

muchos aspectos no militares de la contrainsurgencia no llevan por sí mismos a un aprendizaje táctico rápido [...] Realizar tareas no militares en contrainsurgencia requiere conocimiento en muchas y diversas materias complejas. Estas incluyen gobernanza, desarrollo económico, administración pública, y el imperio de la ley. Comandantes con un conocimiento profundo en estas materias pueden ayudar a sus subordinados a entender ambientes desafiantes y poco familiares y adaptarse más rápidamente a situaciones cambiantes.[11]

Se ofrecen definiciones a modo de insurgencia y contra-insurgencia:

[...] insurgencia es una lucha político-militar organizada y prolongada ideada para debilitar el control y la legitimidad de un gobierno establecido, de una fuerza ocupante o de otra autoridad política, mientras se incrementa el control insurgente.[12]

Otra definición de insurgencia afirma que esta es:

[...] típicamente una forma de guerra interna, una que ocurre primariamente dentro de un estado, no entre estados, y una que contiene al menos ciertos elementos de guerra civil. Contrainsurgencia son las acciones militares, paramilitares, políticas, económicas, sicológicas y cívicas llevadas a cabo por un gobierno para derrotar a la insurgencia.[13]

En el caso de Irak se observa que el «gobierno establecido» no tiene legitimidad ni control puesto que es una autoridad subordinada a la potencia ocupante. Asimismo, ante su fracaso contra la resistencia patriótica, Estados Unidos ha provocado la guerra civil, enfrentando a sunitas contra chiitas a través de atentados terroristas perpetrados por sus agencias de inteligencia, fortaleciendo la independencia de facto de los kurdos y debilitando al máximo la unidad nacional.

El gran «descubrimiento» del *Manual* es su barniz antropológico:

> El conocimiento cultural es esencial para emprender una exitosa contrainsurgencia. Las ideas americanas (*sic!*) de lo que es «normal» o «racional» no son universales. Por el contrario, miembros de otras sociedades frecuentemente tienen diferentes nociones de racionalidad, conducta apropiada, niveles de devoción religiosa, y normas concernientes al género.[14]

El verdadero proceso de aculturación de los soldados estadounidenses va más allá de los manuales, según palabras de un veterano de la guerra de Irak:

> He sido un asesino psicópata porque me entrenaron para matar. No nací con esa mentalidad. Fue el Cuerpo de Infantería de Marina quien me educó para que fuera un *gánster* de las corporaciones estadounidenses, un delincuente. Me entrenaron para cumplir ciegamente la orden del Presidente de Estados Unidos y traerle a casa lo que él pidiera, sin reparar en ninguna consideración moral. Yo era un psicópata porque nos enseñaron a disparar primero y a preguntar después, como lo haría un enfermo y no un soldado profesional que solo debe enfrentar a otro soldado. Si había que matar a mujeres y a niños, lo hacíamos. Por tanto, no éramos soldados, sino mercenarios.[15]

Inteligencia en la contrainsurgencia

Si en cualquier tipo de conflicto bélico el trabajo de inteligencia es indispensable, en la contrainsurgencia es particularmente vital, señalan los militares estadounidenses. Por ello, el capítulo clave del *Manual de Contrainsurgencia 3-24* versa precisamente sobre las características de la inteligencia en esta guerra *asimétrica*. Igualmente, dado que las conflagraciones que libra Estados Unidos tienen lugar en espacios culturalmente *extraños*, el *descubrimiento* castrense es la colaboración de científicos sociales en las campañas imperialistas contra los movimientos revolucionarios y de resistencia nacional.

La antropóloga contrainsurgente Montgomery McFate lo explica de esta manera:

> En un conflicto entre adversarios simétricos, en el que ambos son equivalentemente iguales y usan tecnología similar, comprender la cultura del adversario es en gran parte irrelevante. La Guerra Fría, con toda su complejidad, enfrentó entre sí a dos poderes de herencia europea. En una operación de contrainsurgencia contra un adversario no occidental, sin embargo, la cultura es importante.[16]

Ya que los comandantes y estrategas militares requieren «profundizar en las culturas, percepciones, valores, creencias, y procesos de toma de decisiones de individuos y grupos»,[17] el Pentágono integró equipos de expertos en economía, antropología y ciencia política, quienes juegan un papel en lo que técnicamente es llamado «Preparación de Inteligencia del Campo de Batalla», que consiste en el proceso continuo y sistemático de análisis de la amenaza posible del enemigo y el ambiente en una región geográfica especifica. Los científicos sociales no son más que un instrumento de guerra, ya que las decisiones finales las toma el personal militar.

El *Manual* describe el tipo de información que recaban estos singulares mercenarios académicos:

> Por ejemplo, grupos tribales y familiares en Irak y Afganistán cruzan las fronteras nacionales en países vecinos. Las relaciones tras fronterizas permiten a los insurgentes contar con refugio seguro fuera de su país y les ayudan al tráfico tras fronterizo. El área de intereses puede ser grande en relación al AO (área operativa). Muy frecuentemente esta puede estar influenciada por varios factores, tales como: redes de familia, tribales, étnicas, religiosas y otras que van más allá del área de operaciones; relaciones de comunicación y económicas hacia otras regiones; influencia de los medios de comunicación en la población local, el público de Estados Unidos y los socios multinacionales; apoyos logísticos, financieros y morales del enemigo.

Los antropólogos-militares definen —con la ayuda del plagio ya denunciado— conceptos como sociedad, grupo étnico, tribu, redes, instituciones, roles y estatus, estructura y normas sociales, cultura, identidad, sistema de creencias, valores, actitudes y percepciones, lenguaje, poder y autoridad, fuerza coercitiva, capital social, participación política, entre otros. Todo ello para conocer lo que realmente interesa a los militares: los insurgentes, sus objetivos, motivaciones, apoyo o tolerancia de la población hacia ellos, sus capacidades y vulnerabilidades, formas de organización, líderes y personalidades claves, actividades y relaciones políticas, libertad de movimiento, sustentos logísticos, financieros y de inteligencia, nuevos reclutas, armamento y capacidades militares, entrenamiento, etcétera. Especial atención merece la estructura organizativa de los insurgentes: si es jerárquica o no, si los miembros están especializados, si los líderes ejercen un control centralizado, o se permite acción autónoma e iniciativa propia, si el movimiento opera independientemente, o tiene relaciones con otras redes y organizaciones, si los insurgentes le dan más peso a la acción política, o a la violenta.

También, cada dirigente es motivo de un escrutinio detallado: su papel en la organización, actividades conocidas y asociadas, historia personal y trayectoria, creencias, motivaciones e ideología, educación y entrenamiento, temperamento («por ejemplo, cuidadoso, impulsivo, pensativo, o violento»), importancia en la organización, popularidad fuera de ella. En las sesiones de tortura en Irak, Afganistán, Guantánamo, y otros «oscuros rincones del planeta», estas son sin duda algunas de las preguntas a los detenidos por las fuerzas de ocupación estadounidenses; también formarán parte de las *materias* que los mentores yanquis enseñaron a miembros de las fuerzas armadas mexicanas en los cursos de «combate al terrorismo» denunciados por *La Jornada*.

Asimismo, estrategias y tácticas de los rebeldes merecen especial cuidado: acciones conspirativas, militarismo, guerrilla urbana, guerra popular, emboscadas, incendios, bombas y explosivos, armas químicas, biológicas, radiológicas, o armas nucleares, manifestaciones, contrainteligencia de los insurgentes, ejecución de soplones, secuestros, toma de rehenes, infiltración y subversión, propaganda, ataques a instalaciones, sabotaje, entre otros.

Se analizan todos los tipos de inteligencia: humana, operaciones militares, interrogatorio a detenidos y desertores, informes de asuntos civiles, operaciones psicológicas, de los oficiales del ejército y fuerzas policíacas del gobierno pelele, contratistas, delaciones telefónicas anónimas, periodistas, académicos, etcétera. También se obtiene información de inteligencia de rutinas de reconocimiento y vigilancia, sensores y cámaras, inteligencia espacial, análisis de archivos de propiedad, financieros, del contenido de celulares y computadoras.

Sería un error subestimar las capacidades y los alcances de este trabajo de inteligencia de los imperialistas estadounidenses, como pensar que son invencibles. También es importante que la comunidad de antropólogos en el ámbito latinoamericano se manifieste en contra de la utilización mercenaria de su disciplina.

Antropología de la contrainsurgencia y la ocupación neocolonial

Human terrain team handbook (2008), del militar Nathan Finney, es otro de los documentos importantes disponible en Wikileaks para analizar la utilización de la antropología en las campañas contrainsurgentes y en la ocupación neocolonial de países por parte de las fuerzas armadas de Estados Unidos.

El propósito fundamental de este manual es servir en la preparación y el trabajo de los equipos (human terrain teams, HTT) que actúan en las estructuras militares estadounidenses (regimientos, brigadas, divisiones, fuerzas combinadas, etcétera). Estos equipos están compuestos de cinco a nueve personas empleadas para apoyar a los comandantes en el terreno a partir de compensar sus deficiencias de conocimiento cultural del contexto en el que maniobran. Los equipos se conforman de la conjunción de soldados y de especialistas militares y académicos provistos por contratistas del Ejército, supuestamente con una sólida preparación en ciencias sociales.

La hipótesis rectora del *Manual* es que:

[...] una condición fundamental de la guerra irregular y de las operaciones de contrainsurgencia es que el comandante y su estado mayor no pueden seguir limitando su atención a las materias tradicionales: misión, enemigo, terreno y condiciones meteorológicas, tropas amigas y apoyo disponibles, y tiempo. La población local del área de conflicto debe ser considerada un aspecto tan crítico como distintivo del diagnóstico del teatro de la guerra por parte del comandante [...]. La dimensión humana es la esencia misma de la guerra irregular. Entender la cultura local y los factores políticos, sociales, económicos y religiosos es crucial para una contrainsurgencia y para operaciones de estabilidad exitosas, y últimamente, para el triunfo de la guerra contra el terror.[18]

Los aspectos clave de la misión de los equipos HTT son tres:

1) Investigación por medio de las ciencias sociales (utilización de métodos antropológicos y sociológicos clásicos, como entrevistas abiertas y estructuradas, análisis de texto, encuestas y observación participante).

2) Recolección de información relevante para la unidad castrense y presentación de la misma en términos familiares a una audiencia militar.

3) Creación de un marco analítico cultural para la planeación, toma de decisiones y diagnósticos operativos.

El programa, en suma: «investigará, interpretará, archivará y proveerá información y conocimiento cultural para optimizar la efectividad operativa y armonizar las acciones en curso dentro del entorno cultural».[19] Con el falso supuesto de que el programa no forma parte del trabajo de inteligencia militar, el *Manual* señala contradictoriamente que sus productos deben ser incorporados en el plan de operaciones de esta sección y que sus equipos deben estar presentes en todas las etapas del proceso de toma de decisiones militares.

Los equipos HTT de civiles y militares tienen un líder (comúnmente un oficial en activo o retirado), un científico social, un procesador de información y dos analistas. Según el manual, la composición óptima incluye al menos un miembro del equipo que hable la lengua de la zona, otro que sea experto en el país en cuestión, y otro que sea mujer, «para permitir que el equipo tenga acceso a 50% de la población frecuentemente subestimada en las operaciones militares».[20]

La naturaleza del programa, el papel y los objetivos de los equipos varían según sea la acción intervencionista de las fuerzas armadas estadounidenses, clasificada en el manual como «contrainsurgencia, construcción de naciones (*nation building*), ocupación, mantenimiento de la paz, operaciones cinéticas o una combinación de estos objetivos».[21] Comprendiendo el programa el espectro completo de sociedad y cultura, los equipos deben determinar cómo ganar el apoyo de la población local, mitigar su desconfianza y usar la extensa familiaridad con todos los aspectos de la sociedad para lograr esos objetivos.

Es significativo que los equipos HTT no cuenten con vehículos propios. Para realizar su investigación de campo utilizan el transporte y la protección de las secciones militares de las que forman parte. El *Manual* menciona que los miembros de estos equipos portan «armas de autodefensa» (*sic!*) solamente, esto es, andan armados, y requieren del apoyo logístico de la unidad militar para la que trabajan, incluyendo boletos, raciones, seguridad y espacios de trabajo[22] (que, por cierto, suelen ser dentro del sector de inteligencia).

Por su parte, el Informe final de la *American Anthropological Association* (AAA) fechado en octubre de 2009 —después de un exhaustivo análisis— señala que este programa es motivo de preocupación para la asociación, ya que cumpliendo funciones de investigación, es fuente, a su vez, del trabajo de inteligencia y lleva a cabo funciones tácticas de guerra de contrainsurgencia. Dada esta confusión, cualquier antropólogo trabajando en el programa tendrá dificultades para cumplir el Código Disciplinario de Ética. El programa está adscrito dentro del Departamento de Defensa en su rama de Inteligencia, y en Irak y Afganistán la información del programa forma parte del acervo de inteligencia militar.

La AAA concluye:

> Cuando la investigación etnográfica está determinada por misiones militares, no sujeta a revisión externa; cuando la recolección de información ocurre en un contexto de guerra, integrada a los objetivos de la contrainsurgencia, y con un potencial coercitivo —todos ellos factores característicos de los conceptos y la aplicación del programa—, no es posible que estos trabajos sean considerados como un ejercicio profesional legítimo de la antropología.[23]

Uno de los científicos sociales participantes en el programa en Irak señaló acertadamente: «No se puede hacer antropología a punta de pistola».

La Guía cultural de las fuerzas especiales de Estados Unidos

Por medio de un excelente artículo del antropólogo David Price,[24] fue posible dar lectura a un documento recientemente filtrado por el ejército de Estados Unidos, *Special Forces Advisor*

Guide (*Guía para el asesor de las fuerzas especiales*) que refleja, por un lado, los alcances de dominio global injerencista de ese país «operando» en la *guerra sucia* —versión Obama— ya en 75 naciones y, por el otro, la renovada influencia de conceptos y conocimientos antropológicos —previamente adecuados y depurados a las mentalidades castrenses— como un instrumento más al servicio del complejo militar imperialista. Con toda razón, Price considera la *Guía,* sarcásticamente y parafraseando a Emily Post, como «un manual de etiqueta de la contrainsurgencia» que, ¡oh sorpresa!, «advierte al personal militar de que el mundo entero no es como Estados Unidos».[25]

Al igual que sus colegas de la academia estadounidense que han denunciado la implicación de antropólogos —encabezados por Montgomery McFate— como accesorios útiles, o mercenarios intelectuales, en todas las unidades de combate de las guerras de ocupación neocolonial en Irak y Afganistán, Price señala que el principal propósito de la *Guía* es instruir a los militares para interactuar mejor con otras culturas como asesores, ocupantes o visitantes. El documento está elaborado, asimismo, para evitar el *shock* cultural de frágiles «boinas verdes», quienes paradójicamente tienen el lema «*De oppreso liber*» («Para liberar a los oprimidos»), y que han sido denunciados por más de medio siglo por practicar y enseñar técnicas de tortura, asesinatos selectivos de prisioneros y combatientes, contribuir en la matanzas de indígenas, entrenar grupos paramilitares, etcétera, en los países llamados eufemísticamente «naciones huéspedes»; esto es, regímenes represivos en los que prestan sus servicios estos singulares «asesores».

Price especifica que la *Guía* se basa en la ya antigua, criticada y superada corriente antropológica denominada «cultura y personalidad», que tuvo mucha influencia en los años de la

Segunda Guerra Mundial y la posguerra, cuando antropólogos como Ruth Benedict y Margaret Mead se involucraron en estudios de «carácter nacional» para contribuir a los esfuerzos bélicos de su país, reduciendo la complejidad de naciones a rasgos simplificados y seudopsicológicos, que ignoraban las variantes significativas entre individuos y sociedades.

La *Guía* se fundamenta también en el modelo de orientación de valores creado por el antropólogo Florence Kluckhohn y el psicólogo Fred Strodtbeck en los años cincuenta del siglo XX y basado en acartonadas representaciones de estereotipos regionales culturales, a partir de un supuesto núcleo básico de valores. Así, la compleja y heterogénea realidad étnica, lingüística y cultural del mundo se reduce en dicho documento a siete regiones culturales: «Norteamérica y Europa (incluyendo Australia y Nueva Zelanda), Asia suroeste y norte de África, América Central y Sudamérica (incluyendo México), África subsahariana, el borde del Pacífico (excluyendo las Américas), Rusia y las repúblicas independientes, y Oceanía (las islas del Pacífico)».[26]

La hipótesis de Price es que los militares adoptan modelos culturales inadecuados y criticados por la academia debido a que estos hacen eco confortablemente de sus propias visiones del mundo.

> Desde la Segunda Guerra Mundial —afirma Price— observamos que los militares tienden a ignorar la investigación de la academia independiente en favor de perspectivas racialmente esencializadas *ad hoc,* tales como el modelo de orientación de valores de Kluckhohn [...] Los militares reconocen sus limitaciones en la comprensión antropológica de la cultura, pero sus propias reticencias, incluyendo su predilección de apoyar misiones neocoloniales, dificultan su habilidad para incorporar análisis antropológicos rigurosos.[27]

No obstante, poco importaría si los militares adoptaran los más acuciosos marcos conceptuales de la antropología, en lugar del reduccionismo psicológico, pletórico de estereotipos etnocéntricos que se encuentran en toda la extensión de la *Guía,* ya que la finalidad de Estados Unidos y sus fuerzas armadas como potencia hegemónica de los países imperialistas sería exactamente la misma: proteger sus intereses geoestratégicos y los de sus corporaciones trasnacionales por medio de la intervención militar, policiaca y de inteligencia permanente en todas las regiones del mundo; apoyar a dictadores o gobernantes afines, formar contrapartes golpistas en sus escuelas de contrainsurgencia, continuar especializando a los ejércitos nacionales como fuerzas de ocupación a su servicio y en el control de insurgencias y disidencias de todo tipo; torturar, desaparecer, secuestrar, ejecutar, infiltrar, cooptar en operaciones transculturales de terrorismo global de Estado llevadas a cabo por los *rambos* de las fuerzas especiales que chapucean palabras de cortesía en español o árabe, mientras el esperanto de sus picotas cercena cuerpos y sus armas de destrucción universal aniquilan pueblos enteros.

El mensaje básico y crudo de la *Guía* no requiere de interpretaciones antropológicas:

> Los asesores (de las fuerzas especiales) deben tener en mente que su principal objetivo es seguir la política de Estados Unidos […] las mayores responsabilidades incluyen el área de defensa, la contrainsurgencia, la procuración y el empleo del apoyo de Estados Unidos […] mantener relación con la policía y con las agencias de inteligencia responsables de la contra subversión […] Asistir en el establecimiento de un adecuado programa de seguridad para salvaguarda contra la subversión, el espionaje y el sabotaje.[28]

Por cierto, México corresponde al «área de responsabilidad» compartida entre el 7 y el 20 grupos de fuerzas especiales en servicio activo (SFG), listos para liberar a los oprimidos mexicanos.

Manual de campo de las fuerzas especiales 31-20-3

A través de *Wikileaks* tuve acceso al *Manual de campo 31-20-3, tácticas, técnicas y procedimientos de defensa interna para las Fuerzas Especiales en el extranjero,*[29] que es el tercero de una serie que produce el Departamento de Defensa de Estados Unidos para instruir y guiar a su soldadesca en las tareas injerencistas y represivas en el ámbito mundial, bajo la cobertura propagandística de *ayudar* a otros gobiernos a liberar y proteger a sus sociedades de la subversión, el desorden y la insurgencia. ¿¡Qué sería de nosotros si los buenos muchachos del *Tío Sam* no estuvieran listos para salvarnos del caos!?

Como se recordará, los intelectuales del Pentágono inventaron una entelequia eufemística-política-ideológica a la que denominan «nación-huésped», esto es, gobiernos obsecuentes a Estados Unidos que enfrentan situaciones desestabilizadoras de variado tipo, pero sobre todo insurgencias armadas y movimientos sociales que cuentan con apoyo popular, ante las cuales recurren al *desinteresado* auxilio contrainsurgente de los *rambos* de las fuerzas especiales.

Así, el *Manual de campo* señala que:

> Una premisa básica de nuestra política exterior es que la seguridad de Estados Unidos, sus instituciones y valores fundamentales [léase: capitalismo] serán mejor preservados y fortalecidos como parte de una comunidad de naciones realmente libres e independientes [léase: sujetas a la órbita

imperial]. A este respecto, Estados Unidos se esfuerza por alentar a otros países para cumplir su parte en la preservación de esta libertad e independencia [léase: régimen autoritario y renuncia a la soberanía]. El objetivo es apoyar los intereses estadounidenses a través de un esfuerzo común [más claro ni el agua]. Donde intereses nacionales estadounidenses están involucrados [léase: corporaciones, petróleo, territorios geoestratégicos], Estados Unidos proveerá asistencia militar y económica para complementar los esfuerzos de dichos gobiernos [léase: para mantener el orden establecido]. En suma, el propósito político del manual es la defensa de los intereses del imperialismo estadounidense por medio del asesoramiento y entrenamiento contrainsurgente de tropas de cipayos de la nación huésped.[30]

A partir de esta *proposición esencial,* el *Manual* cubre al detalle todas las facetas de la guerra contrainsurgente, monitoreada por los militares estadounidenses:

> […] las actividades previas a la misión intervencionista, los análisis preliminares, los permisos para el entrenamiento, el despliegue en la nación huésped, los programas de instrucción de las tropas, las operaciones tácticas, el control de las poblaciones, las operaciones conjuntas, las actividades posteriores a la misión, así como anexos que van desde consideraciones legales (*sic!*), operaciones de inteligencia, fuerzas de autodefensa civil (para-militares), establecimiento de bases, técnica de minas, etcétera.[31]

Como en otros manuales comentados, este texto da importancia al barniz culturalista que los colegas antropólogos dedicados a la contrainsurgencia han aconsejado a los militares. Esto incluye una especie de manual de urbanidad con las reglas elementales de etiqueta y buen comportamiento para que los nativos no se sientan disminuidos, manipulados o discriminados por los asesores gringos, súbitamente transformados en políglotas, corteses, cuidadosos del multiculturalismo, las diferencias de género, y guardianes de las leyes y los hábitos democráticos que han aprendido recientemente en Irak o Afganistán, con el precio *menor* que esta educación ha costado en países destruidos y terroristas *ejecutados,* torturados, desaparecidos o mantenidos en prisión.

El *Manual* no descuida el papel de la prensa y los medios de comunicación masivos en los esfuerzos contrainsurgentes, entre ellos, por supuesto, el Servicio de Información de Estados Unidos (USIA), al cual se le asigna la tarea de influir en la opinión pública de otras naciones en favor de los objetivos ya señalados de la política exterior de su gobierno, publicitando sus acciones, haciendo contra propaganda a las opiniones hostiles a Estados Unidos, coordinando las operaciones sicológicas abiertas bajo la guía del Departamento de Estado.

Otro aspecto a destacar del *Manual* es la importancia que otorga al reclutamiento e integración de *fuerzas paramilitares* o *irregulares* como parte integral de la batalla contrainsurgente, componente clandestino que hemos denunciado en diversas ocasiones para el caso mexicano, que continúa teniendo un estratégico papel ahora con la acción de grupos del narcotráfico actuando como paramilitares.

También, el *Manual* es muy claro en cuanto el involucramiento directo de fuerzas de combate estadounidenses, si la situación del gobierno de la nación huésped se deteriora a tal punto que los intereses vitales de Estados Unidos se vean en peligro y para hacer un decisivo cambio en el conflicto, el cual puede ser no solo de naturaleza contrainsurgente sino también provocado por el narcotráfico. Este aspecto debe tomarse muy en serio para un análisis más responsable de la situación mexicana.

La acción de *escuadrones de la muerte* o grupos de matones es aprobada en el texto comentado, e incluso descrita con precisión y cinismo:

> *Cazar-matar.* Las fuerzas amigas pueden usar esta técnica (*sic!*) en operaciones de consolidación [...] Ellas usan esta técnica de cazar y destruir enemigos aislados. El equipo de cazar-matar consiste en dos secciones: los cazadores y los asesinos. Los cazadores deben estar ligeramente equipados y altamente móviles. Su misión es localizar a las fuerzas enemigas mientras mantienen una comunicación constante con los ejecutores, quienes están alertas y listos para entrar en acción. Cuando los cazadores hacen contacto, estos notifican a los asesinos.[32]

No cabe duda, los caminos de la «democracia a la estadounidense» son tenebrosos y fatales.

Recordemos que el *Manual de Campo 31-20-3, Tácticas, técnicas y procedimientos de defensa interna para las fuerzas especiales en el extranjero,* parte de la premisa subyacente de que Estados Unidos tiene una misión que cumplir en el ámbito mundial, que es la salvaguarda de los intereses de ese país frente a las amenazas consideradas de «menor escala» —que las relacionadas con la confrontación Este-Oeste—, como el terrorismo, la subversión, la insurgencia y el tráfico de drogas.

Esta tarea planetaria, heredada de las nociones del «Destino Manifiesto» que otorgan a ese pueblo escogido por la *Providencia* el derecho de expandirse fuera de sus fronteras, supuestamente en nombre de *la libertad* y *la democracia,* hace necesaria la elaboración de incontables manuales destinados al aprendizaje de sus *fuerzas especiales* para conducir la guerra contrainsurgente a *cualquier oscuro rincón del mundo* (Bush *dixit)* donde «el desorden interno sea de tal naturaleza que constituya una amenaza significante a los intereses nacionales de Estados Unidos».

El *Manual* no se distingue por la profundidad del análisis histórico, sociológico o político, el cual es sustituido por maniqueos recetarios que pretenden pasar por científicos y que conforman, en realidad, un conjunto de categorías clasificatorias de orden práctico que guíen la acción de sus fuerzas armadas. Así, se define a la insurgencia como «un movimiento organizado con el propósito de derrocar un gobierno constituido a través del uso de la subversión y el conflicto armado».[33] Los politólogos-sociólogos al servicio de la guerra contrainsurgente concluyen sesudamente que hay siete elementos comunes a toda insurgencia: «liderazgo, ideología, objetivos, ambiente y geografía, fases y tiempos (del desarrollo del movimiento), apoyo externo, y patrones operativos y organizativos».[34] También, se sostiene que hay tres estrategias generales de la insurgencia: el foco o foquismo, la orientada hacia las masas y la tradicional, clasificando a la insurgencia «liderada por Castro y el Che Guevara» en la primera, Vietnam en la segunda, y la rebelión de los huk en Filipinas, en la tercera.

Aprendiendo de sus derrotas militares «como la sufrida en Vietnam», que por cierto nunca son mencionadas como tales en los manuales estudiados, se insiste en que la misión primordial de las fuerzas especiales en la defensa extranjera externa es organizar, entrenar, aconsejar y desarrollar la capacidad táctica y técnica de las fuerzas militares de la llamada «nación huésped», de tal manera que estas puedan derrotar a la insurgencia «sin el involucramiento directo de Estados Unidos». Esto es, se pretende que los costos humanos, materiales y todo el impacto de la guerra los pague la «nación huésped» y que los ejércitos de nuestros países cumplan con las directrices represivas de Estados Unidos en contra de toda la gama de los movimientos sociales que siempre pueden ser considerados como *accesorios* o *cómplices* de los insurgentes. La «guerra contra el narcotráfico» en México, por ejemplo, que contabiliza en cinco años más de 50 000 muertos, miles de desaparecidos y una agresión permanente contra los movimientos populares, fue impuesta por Estados Unidos y llevada a cabo por Calderón, presidente espurio de la «nación huésped», sin que ese país sufra en lo más mínimo las consecuencias de la misma.

El *Manual* especifica que la «nación huésped» siempre puede obtener equipo de Estados Unidos para enfrentar la amenaza interna a su seguridad causada por *individuos sin ley,* como los narcotraficantes, que en el caso mexicano se plasma en la Iniciativa Mérida. Lo que no se informa en el documento es que el gobierno de ese país también suministra armas a los propios «individuos sin ley», e incluso lava el dinero de sus operaciones criminales, como se ha venido documentando, porque la guerra es instrumental a la estrategia estadounidense de tomar el control de la «nación huésped».

Coalición es otro de los eufemismos que el *Manual* adopta para encubrir mediáticamente las incursiones neocoloniales de Estados Unidos y sus aliados europeos, como las llevadas a cabo en Irak y Afganistán. Hacer realidad el apoyo a estas *coaliciones* es una tarea adicional a ser estudiada por las fuerzas especiales estadounidenses, para lo cual se considera muy importante una comprensión profunda del área (a ser invadida) y de la gente que ahí viva, «orientación regional, conciencia cultural y habilidades en el manejo de otras lenguas, son necesarias para cumplir exitosamente la misión».[35]

El *Manual* cuenta con un apéndice sobre consideraciones legales que especifican que las operaciones de las fuerzas especiales deberán ser conducidas de acuerdo con las leyes internacionales y las que rigen en territorio estadounidense. Se mencionan específicamente las cuatro Convenciones de Ginebra de 1949, que proveen la fuente primaria de derechos y obligaciones de las personas involucradas en conflictos internos, o no internacionales, que demandan un trato humanitario a los prisioneros, heridos y enfermos, y que prohíben el uso de la violencia en cualquiera de sus formas, en particular, el asesinato, la mutilación, la tortura, los tratos crueles y degradantes, la toma de rehenes, las ejecuciones extrajudiciales y los juicios sin el debido proceso. Estos exhortos resultan retóricos y profundamente contradictorios con las realidades de crasas violaciones a los derechos mencionados en las innumerables guerras contrainsurgentes y operaciones encubiertas llevadas a cabo en el mundo entero por las fuerzas armadas estadounidenses. Además, el apéndice recomienda la búsqueda de un acuerdo internacional que garantice la inmunidad diplomática para sus tropas en los países donde están «estacionadas». Esto es, impunidad total para el ejercicio efectivo del terrorismo global de Estado.

La futurología de los estrategas estadounidenses

Los estrategas militares y de espionaje de Estados Unidos tienen una adicción a la *futurología* que se manifiesta en su propensión a imaginar, acorde supuestamente a las realidades actuales, como será «su» mundo en el año 2030, por ejemplo. Recordemos las predicciones de los informes llamados «*Tendencias Globales*» que producen los «tanques pensantes» a sueldo de la Agencia Central de Inteligencia y sus múltiples organismos asociados, que constituyen materiales de lectura obligada para la «batalla de las ideas», ya que en ellos se reflejan las peculiares perspectivas, temores, fobias, racismos, amenazas, sicopatías y, sobre todo, los intereses e ideologías imperialistas de sus autores. David Brooks informó sobre el último de estos escritos en nuestro periódico *La Jornada*, destacando la proyección del colapso «rápido y repentino» de México, «Estado débil y fracasado», como uno de los mayores peligros mundiales a futuro.[36]

Se trata de un texto de 51 páginas elaborado por el Comando Conjunto de las Fuerzas de Estados Unidos con el título de *JOE 2008 (Junta Operativa Ambiental)*.[37] El propósito del estudio es informar del desarrollo conjunto de conceptos y experimentación a través del Departamento de Defensa y proveer una perspectiva sobre tendencias, reacciones, contextos, e implicaciones hacia el futuro a comandantes de la fuerza conjunta y otros líderes y profesionales en el campo de la seguridad nacional.

En su breve prólogo, el general del Cuerpo de Marines y comandante del Comando Conjunto de las Fuerzas de Estados Unidos, J.N. Mattis, enfatiza que nadie tiene una *bola de cristal* pero «si no tratamos de avizorar el futuro, no hay duda de que nos sorprenderán desprevenidos en los momentos en que nos esforzamos para proteger este experimento en democracia que llamamos *América* (*sic!*)».[38] Por ello, *JOE 2008* es «nuestro esfuerzo por mirar más allá, informado históricamente, para discernir lo mas acertadamente los retos que enfrentaremos en el nivel operativo de la guerra, y para determinar sus implicaciones inherentes».[39]

El texto cuenta, además de una introducción, de seis partes:

I. Las constantes

II. Las tendencias que influyen la seguridad del mundo

III. El mundo en su contexto

IV. Las implicaciones para la Fuerza Conjunta

V. Algunas cuestiones de fondo

VI. Pensamientos conclusivos

El informe, como la gran mayoría de los manuales de contrainsurgencia y otros escritos de militares estadounidenses, cuenta con epígrafes para el inicio de cada sección —generalmente de filósofos chinos o griegos— que sintetizan alguna de las ideas fuerza y pretenden demostrar que además de matones profesionales al servicio de su país y el capitalismo, los autores han pasado por alguna universidad, o siguen al menos las reglas esnobistas de la academia.

La introducción deja claro que para los militares estadounidenses lo más predecible del futuro cercano es el conflicto bélico:

> La guerra ha sido el principal impulsor del cambio a lo largo de la historia y no hay razón para creer que el futuro será diferente en este aspecto. No cambiará la naturaleza fundamental de la guerra. La guerra continuará primariamente como un esfuerzo humano.[40]

Con este marco de referencia sobre el significado «progresista» de la guerra, el documento examina tres interrogantes: 1. ¿Qué tendencias y disrupciones futuras serán las que más afecten a las Fuerzas Conjuntas? 2. ¿Cómo estas tendencias y disrupciones podrían definir los contextos futuros para operaciones conjuntas? 3. ¿Cuáles son las implicaciones de estas tendencias y contextos para las Fuerzas Conjuntas? Explorando estas tendencias, contextos e implicaciones, el texto provee las bases para pensar el mundo en los próximos 25 años.

Ya que los estrategas consideran que la guerra forma parte esencial de la naturaleza humana, la mejor forma de entender esta es a partir de una cercana consideración de la historia. Así, la discusión inicia con el argumento acerca de la naturaleza de la guerra, las causas y consecuencias del cambio y las sorpresas, y el papel de la estrategia. La segunda parte describe algunas tendencias, discontinuidades y puntos potenciales de conflicto que las Fuerzas Conjuntas pueden enfrentar. La parte tercera analiza cómo estas tendencias y rupturas se combinan en contextos que podrían definir las operaciones conjuntas para los próximos 25 años. La cuarta parte describe las implicaciones de estos contextos que las Fuerzas Conjuntas confrontarán en el futuro incierto y sugiere la creación de una fuerza que pueda estar preparada para los retos que estos contextos presentarán. La parte quinta expone preguntas claves acerca de temas que pueden caer fuera del enfoque tradicional de este estudio, pero que sin embargo tienen importantes implicaciones para el futuro de las Fuerzas Conjuntas.

El informe-predicción sostiene la idea de que en muchas partes del planeta «existen actores no racionales, al menos en nuestros términos». De hecho los militares dividen el mundo entre los que usan la razón (ellos, los estadounidenses) y quienes son presa de la pasión y se mantienen «fuera de los límites de las convenciones del mundo desarrollado»: los del «machete» y atacantes suicidas, los que están «ansiosos de morir».

> La tensión entre cálculos de poder de política racional, en una parte, y las ideologías seculares o religiosas, en la otra, combinadas con el impacto de la pasión y el azar, hacen de la trayectoria de un conflicto dificultoso sino imposible de predecir [...] En un mundo donde las pasiones dominan, la

utilización de una estrategia racional viene a ser extraordinariamente difícil.[41]

¡La ardua carga del hombre blanco!

No podía faltar en el documento recientemente hecho público *JOE 2008 (Junta Operativa Ambiental)* del Comando Conjunto de Estados Unidos la perspectiva imperialista sostenida por los estrategas militares y políticos de ese país. A lo largo del texto no existe la menor duda de que sus fuerzas militares tienen en todo momento el derecho a intervenir en cualquier parte del mundo. Reiteran que:

> América (*sic!*) retiene el poder de la «intimidación y de inspiración». Continuaremos jugando [los militares] un papel principal en la protección de los valores que se originaron en la sabiduría y visión de nuestros arquitectos nacionales originales [...] Continuará la existencia de oponentes que tratarán de destruir la estabilidad política y negar el acceso libre a las comodidades globales de la economía del mundo. En este contexto, la presencia, alcance y capacidad de las fuerzas militares de Estados Unidos, con aliados de mentalidad similar, continuarán siendo llamadas a proteger nuestros intereses nacionales.

Así, no existen límites para la acción militar estadounidense ni dudas acerca de las guerras convencionales y contrainsurgentes a emprender:

> Como la discusión de tendencias y contextos analizados sugiere, el papel y las misiones de las Fuerzas Conjuntas incluirá la protección de la patria, el mantenimiento de las comodidades globales, la contención de enemigos potenciales y, cuando sea

necesario, luchar y ganar conflictos que pueden ocurrir en el mundo […] Entre ahora y los años de la década de 2030, las fuerzas militares de Estados Unidos se encontrarán casi con certeza comprometidas en combates. Esta participación puede ser en la forma de conflictos regulares mayores, o en una serie de guerras contra las insurgencias.

Muy avanzado el documento, se especifica que el primer conjunto de problemas para el «compromiso mundial» de las fuerzas militares de Estados Unidos será logístico

[…] asociado con trasladar tropas a grandes distancias y suplirlas con combustible, municiones, partes para reparaciones, y sustento […] La habilidad para hacerse de bases por la fuerza desde el mar o el aire puede ser el movimiento inicial crítico de una campaña.

Para mayor preocupación sobre los destinos de la humanidad, los estrategas militares piensan lo *impensable*: «ataques a intereses vitales de Estados Unidos por adversarios implacables que se rehúsen a la disuasión, podría involucrar el uso de armas nucleares u otras Armas de Destrucción Masiva». Aquí cabe señalar que ningún otro país ha utilizado las armas atómicas, a excepción de Estados Unidos en 1945 en su guerra contra Japón, lo cual torna más amenazante esta mentalidad castrense.

Los militares estadounidenses otorgan una gran importancia a la lucha ideológica en el campo de la información como arma estratégica y política:

[…] las guerras modernas tienen lugar en espacios más allá de simplemente los elementos físicos del campo de batalla.

Uno de los más importantes son los medios, en los cuales [...] «la batalla de la narrativa» ocurrirá. Ya nuestros enemigos han reconocido que la percepción es tan importante para su éxito como el evento mismo [...] Al final del día, la percepción de que ocurrió importa más, que lo que pasó realmente. Dominar la narrativa de cualquier operación, ya sea militar o de otro tipo, paga enormes dividendos. Fracasos en este terreno, mina el apoyo para nuestras políticas y operaciones, y actualmente pueden dañar la reputación del país y su posición en el mundo.[42]

Estas consideraciones explican, por ejemplo, los estrictos controles y prohibiciones para que medios independientes hagan su trabajo en Irak, Afganistán y ahora en la franja de Gaza, donde Israel ha puesto barreras a los medios para intentar ocultar el genocidio del pueblo palestino. A pesar de ello, la «narrativa» de lo que realmente ocurre en Irak, Afganistán o Palestina, por sus dimensiones dantescas y la perseverancia del periodismo comprometido, ha logrado traspasar las censuras castrenses y el trabajo diario de millares de comunicadores «incrustados» que hacen eco de las perspectivas imperialistas.

El informe *JOE 2008 (Junta Operativa Ambiental)* identifica a China como un competidor potencial militar en el futuro y «la más seria amenaza para los Estados Unidos, porque los chinos pueden entender a América (*sic!*), sus fortalezas y debilidades, mucho mejor que los americanos (*sic!*) entienden a los chinos».[43] De Rusia, los estrategas critican que sus dirigentes han optado por maximizar el excedente energético, sin hacer inversiones de fondo que incrementen la producción de petróleo y gas a largo plazo; también ubican el potencial explosivo de conflictividad interna en el Cáucaso y en Asia Central, sus problemas demográficos y la «combinación peligrosa de paranoia —algo justificada considerando la historia de Rusia— nacionalismo, y amargura por la pérdida de lo que muchos rusos consideran como su derecho a un lugar como potencia mundial». No obstante, «con su vasto e incrementado arsenal nuclear, Rusia se mantiene como una potencia en términos nucleares, a pesar de sus dificultades políticas y demográficas».[44]

Los militares estadounidenses observan con preocupación los sostenidos conflictos entre India y Pakistán por Cachemira y otras áreas en disputa, tomado en cuenta que ambos países tienen capacidades nucleares. Para el caso de Europa, el informe solo le dedica cuatro párrafos, en los cuales reconoce su desarrollo económico, analiza su potencial militar y su compromiso con el Tratado del Atlántico del Norte, así como sus posibilidades para una más activa participación militar fuera de la geografía europea. Paradójicamente, y esto lo más notable del Informe, los estrategas estadounidenses no previeron la crisis económica que estaba en su narices.

Las guerras justas de Obama

A propósito de la evocación de Barack Obama del concepto de «guerra justa» al momento de recibir el inmerecido y desprestigiado Premio Nobel de la Paz, es necesario recordar a V.I. Lenin en su análisis de la Primera Guerra Mundial, en el que establece algunos criterios generales para el estudio del conflicto bélico: a) condena las guerras entre los pueblos como algo bárbaro y feroz; b) establece que cada guerra deberá estudiarse en su contexto y particularidad histórica; c) distingue el lazo inevitable que une a las guerras con la lucha de clases en el interior de cada país; d) reconoce la legitimidad, el carácter progresista y la necesidad de las *guerras civiles* que libran los oprimidos contra sus opresores, que más bien se adscriben en el derecho de los pueblos a la rebelión, la revolución y la resistencia; e) emplea el término de «guerra justa», que según él fue una expresión introducida por W. Liebknecht, cuando se refiere a las guerras de *liberación nacional,* o por la «defensa de la patria» solo en el caso de Estados oprimidos, dependientes, menoscabados en sus derechos, que resisten a las grandes potencias opresoras, esclavistas y expoliadoras; y f) denuncia que las burguesías en sus guerras imperialistas manipulan los conceptos de «guerra defensiva», «defensa de la patria» o «guerra justa», para encubrir sus reales objetivos de repartirse el mundo y sojuzgar otras naciones.

Estados Unidos surgió como nación a partir de una guerra anticolonial contra el dominio de la Corona británica. A partir de este acontecimiento de singular importancia histórica, todas las guerras en las que ha participado este país, hasta la Segunda Guerra Mundial, y después de ella, no han tenido la menor legitimidad: la guerra de exterminio y reducción de los pueblos indios que ocupaban el inmenso territorio despojado y expropiado a sus dueños originales; la guerra de 1812 contra Inglaterra, que fue un intento fracasado de anexión del territorio de Canadá a la Unión Americana; la guerra de conquista territorial (1845-1848) contra la joven república de México que logró la anexión de más de la mitad de su territorio buscada afanosamente por los «padres fundadores»; la guerra civil que determinó el rumbo industrial-capitalista de la explotación de las clases y pueblos oprimidos al interior de la nación; la guerra neocolonial contra España en 1898 en la que consiguió apoderarse de algunas de sus posesiones territoriales, de la cual derivó también la sangrienta guerra de ocupación contrainsurgente estadounidense en Filipinas de 1889-1913; la guerra imperialista (1914-1918) en que Estados Unidos incursiona por primera vez en Europa en la etapa final del conflicto; las numerosas intervenciones bélicas abiertas y encubiertas en América Latina como poder imperialista (en donde Sandino consiguió la primera derrota militar de Estados Unidos en la región utilizando la guerra de guerrillas); la guerra de Corea y Vietnam para contener la revolución socialista en esos países, por recordar algunos de los eventos más importantes.

Incluso, la participación de Estados Unidos en la Segunda Guerra Mundial, se llevó a cabo con la perspectiva de minar al máximo a la Unión Soviética, contener el avance de los comunistas en Europa, y establecer finalmente sus dominios imperiales en el ámbito mundial después de la derrota del eje Alemania-Japón-Italia.

Es necesario señalar la responsabilidad manifiesta de Estados Unidos, Inglaterra y Francia en el estallido de esta guerra, al estimular y permitir el rearme de Alemania, al solapar el crecimiento vertiginoso de sus fuerzas armadas y al invocar neutralidad frente a las agresiones fascistas en Etiopia en 1935, a España en 1936, a Austria y Checoslovaquia en 1938 y a Polonia en 1939. El antisovietismo y el anticomunismo estuvieron presentes a lo largo de la contienda bélica y fueron un factor subyacente en la singular conducción de la guerra por parte de los aliados occidentales de la coalición antihitleriana. El retraso en la apertura del Segundo Frente hasta el año 1944, cuando ya el curso de la guerra se había definido en el frente soviético, y la sistemática política de las «acciones pequeñas», tenían por objeto lograr el desgaste e incluso la eventual derrota de la URSS. Durante el inicio y el desarrollo de la guerra, las clases trabajadoras integran la resistencia antifascista, esto es, la participación activa de los pueblos en la resistencia nacional y el peso de la Unión Soviética en la contienda, van cambiando la naturaleza misma de la guerra: de imperialista se transforma en una guerra popular, antifascista, cobrando de este modo el carácter de una guerra justa y necesaria hasta la derrota el eje nazifascista.

El «patriotismo estadounidense» se ha nutrido de una historia de genocidios, etnocidios, despojos y conquistas territoriales; se fundamenta en las nociones etnocéntricas y racistas de «pueblo escogido» por «la Providencia» para expandir su dominio sobre el continente, en su primera etapa, y después en el mundo entero; en el «Destino Manifiesto» que dio forma ideológica al expansionismo territorial; en el intervencionismo permanente y sistemático sobre América Latina; en la conquista de territorios más allá de sus fronteras continentales por la acción directa de sus *marines*. Su patriotismo implica la idea del «policía mundial» que vigila el cumplimiento de *su ley* y protege sus intereses y seguridad «nacionales» por encima de cualquier otro; se alimenta de los mitos de «salvadores del mundo» propalados por la propaganda cinematográfica; los incansables *rambos* matando comunistas, y ahora «terroristas», en nombre de la justicia, la democracia y la libertad.

Otorgar el Premio Nobel de la paz a un comandante en jefe de matones y psicópatas es grotesco e inconcebible y no tiene justificación alguna. Obama ha incrementado el número de tropas en Afganistán, ampliado su intervención en Pakistán, amenazado a Irán y sofisticado la guerra de ocupación en Irak ahora con la profundización de la ayuda de antropólogos mercenarios que indican las rutas culturales para romper las redes de la resistencia y comprar a iraquíes que maten a iraquíes; ha apoyado el golpe militar en Honduras con malicia e hipocresía; ha sostenido el bloqueo contra el pueblo y el gobierno de Cuba; ha continuado con la ocupación de Colombia a través de bases militares que amenazan a Venezuela y a Bolivia; todo ello, justificado por el derecho a llevar a todos los confines del mundo «la guerra justa y necesaria» [...] para las corporaciones capitalistas de Estados Unidos.

Cambios en la estrategia militar de Estados Unidos

A partir de la aplicación de la antropología en los afanes contrainsurgentes de Estados Unidos y de la presencia de científicos sociales como *asesores en el terreno* de las brigadas de combate de ese país en sus guerras neocoloniales, un numero creciente de profesionales de esta disciplina nos hemos dado a la tarea de estudiar la magnitud, las características y las consecuencias de este descomunal esfuerzo imperialista por mantener su hegemonía militar para salvaguarda de sus intereses económicos, corporativos y geoestratégicos en el mundo. Así, el colega antropólogo David Vine, quien prepara un libro en torno a las más de 1 000 bases militares estadounidenses en 150 países, (a las que hay que sumar las 6 mil bases internas), publicó recientemente un artículo que tradujo *Rebelión* en el que informa sobre la transformación silenciosa que el Pentágono lleva a cabo de todo el sistema de bases militares fuera del territorio estadounidense, lo cual significa una nueva y peligrosa forma de guerra.[1]

Acorde con Vine, los militares estadounidenses están aumentando la creación de bases en todo el planeta, que ellos llaman *nenúfares* (estas hojas o plantas que flotan en la superficie de las aguas y que sirven a las ranas para saltar hacia su presa) y que consisten en:

[...] pequeñas instalaciones secretas e inaccesibles con una cantidad restringida de soldados, comodidades limitadas, y armamento y suministros previamente asegurados [...] Semejantes bases *nenúfares* se han convertido en una parte critica de una estrategia militar de Washington en desarrollo que apunta a mantener la dominación global de Estados Unidos, haciendo más con menos en un mundo cada vez más competitivo, cada vez más multipolar.[2]

Chalmers Johnson, otro académico estadounidense crítico de su gobierno y estudioso de estos temas, sostiene que:

[...] esta enorme red de establecimientos militares en todos los continentes, excepto la Antártida, constituye actualmente una nueva forma de imperio —un imperio de bases con su propia geografía que no parece que podría ser enseñada en una clase de una secundaria cualquiera. Sin comprender la dimensión de este mundo anillado de bases en el ámbito planetario—, uno no puede intentar comprender las dimensiones de nuestras aspiraciones imperiales, o el grado por el cual un nuevo tipo de militarismo esta minando nuestro orden constitucional.[3]

Johnson plantea que la rama militar del gobierno estadounidense emplea a cerca de medio millón de soldados, espías, técnicos y contratistas civiles en otras naciones, y que esas instalaciones secretas, además de monitorear lo que la gente en el mundo, incluyendo los propios ciudadanos estadounidenses, están hablando, o enterándose del contenido de los faxes y correos que se están enviando, benefician a las industrias que diseñan y proveen de armas a sus ejércitos. Asimismo, una tarea de esos contratistas es mantener a los uniformados miembros del imperio alojados en cuartos confortables, bien comidos, divertidos, y suministrados con infraestructura de calidad vacacional. Sectores enteros de la economía han venido a depender de los militares para sus ventas.[4]

Durante la guerra de conquista de Irak, por ejemplo, Johnson informa que el Departamento de Defensa, mientras ordenaba una ración extra de misiles crucero y tanques que disponían de municiones con uranio empobrecido, también adquirió 273 mil botellas de un bloqueador de sol que benefició a empresas de esos productos situadas en Oklahoma y Florida.

A diferencia de las grandes bases que parecen ciudades, como las que ocupan las fuerzas armadas en Japón y Alemania, los *nenúfares* son construidos con discreción, tratando de evitar la publicidad y la eventual oposición de la población local, informa Vine. Se trata de bases operativas pequeñas y flexibles,

> más cerca de zonas de conflicto previstas en Medio Oriente, Asia, África y Latinoamérica [...] los funcionarios del Pentágono sueñan con una flexibilidad casi ilimitada, la capacidad de reaccionar con notable rapidez ante eventos en cualquier parte del mundo, y por lo tanto algo que se acerque a un control militar total del planeta.[5]

En lo que toca a Nuestra América, Vine señala que:

> [...] después de la expulsión de los militares de Panamá en 1999 y de Ecuador en 2009, el Pentágono ha creado o actualizado nuevas bases en Aruba y Curazao, Chile, Colombia, El Salvador y Perú. En otros sitios, el Pentágono ha financiado la creación de bases militares y policiales capaces de albergar

fuerzas estadounidenses en Belice, Guatemala, Honduras, Nicaragua, Panamá, Costa Rica, e incluso en Ecuador. En 2008, la Armada reactivó su Cuarta Flota, inactiva desde 1950, para patrullar la región. Los militares pueden desear una base en Brasil y trataron infructuosamente de crear bases, supuestamente para ayuda humanitaria y de emergencia, en Paraguay y Argentina.[6]

No dudamos que una de las razones del golpe de Estado contra el presidente Lugo fue precisamente su negativa a la instalación de estas bases en territorio paraguayo.

Ahora que muchos científicos sociales han desterrado de la academia el uso de términos supuestamente ideologizados como *lucha de clases* o *imperialismo*, por considerarlos *demodé*, destacó una conclusión clave del colega Johnson en lo que toca a la expresión militar de este último concepto: «Hace algún tiempo, se podía trazar la expansión del imperialismo contando las colonias. La versión estadounidense de la colonia es la base militar. Siguiendo la política de cambio global de bases, se puede aprender mucho acerca de nuestro cada vez mayor posición imperial y del militarismo que crece en su vértice. El militarismo y el imperialismo son hermanos siameses unidos por la cadera».

¿Cuándo será el siguiente salto de la rana desde el nenúfar más próximo a la presa?

Tan lejos de Dios, tan cerca de Estados Unidos

Los ejes de la geopolítica en América Latina pasan por un factor externo: la hegemonía, injerencia e intervencionismo económico, político, militar y cultural de Estados Unidos, mismos que atraviesan las distintas formas de articulación de nuestros respectivos países con la actual mundialización capitalista neoliberal. Prácticamente no existe ámbito de la vida de las naciones latinoamericanas que no sea condicionado y, en ocasiones, determinado, por la política estadounidense hacía el considerado por muchos de sus ideólogos como el «patio trasero» del imperio, o su «área de influencia».

Con el surgimiento y establecimiento como potencia mundial, a partir de su movimiento expansionista hacia el oeste y la conquista de la mitad del territorio de México, hasta su guerra con España en 1898 y la ocupación neocolonial de Puerto Rico, Guantánamo y la imposición de la Enmienda Platt a Cuba, Estados Unidos ha intervenido una y otra vez con la fuerza de sus armas en nuestros países, ha apoyado todas las dictaduras civiles y militares, ha participado activamente en todos los golpes de Estado, incluyendo los más recientes, como el llevado a cabo en Venezuela, en contra del presidente Chávez hace diez años y el de Honduras, en contra del presidente Zelaya en el 2009.

El gran historiador, militante y periodista Gregorio Selser escribió una monumental *Cronología de las intervenciones extranjeras en América Latina,* que comienza con la independencia de Estados Unidos en 1776 y concluye con la invasión norteamericana a Panamá en 1989. Aquí encontramos toda la historia del continente, desde Alaska hasta la Patagonia, con la descripción de más de 200 años de luchas emancipadoras, guerras civiles, conflictos fronterizos, tratados de límites, convenios comerciales, acuerdos diplomáticos, golpes de Estado, asesinatos políticos, rebeliones armadas, movimientos insurgentes, negociaciones de paz, elecciones. En más de dos mil páginas Selser describe la actividad de presidentes, militares, embajadores, líderes populares, agentes secretos, guerrilleros, héroes, mártires y traidores, y, como era de esperarse, el gran protagonista interventor —que presagiaron Simón Bolívar y José Martí—, es Estados Unidos.

Actualmente, son varias las formas en que se deja sentir en América Latina la supremacía estadounidense, la cual fracciona la región, enfrenta a los gobiernos e impide un proyecto de unificación regional con mayor amplitud y alcances que el que se propone la Alianza Bolivariana para los Pueblos de Nuestra América (ALBA). Uno de ellos, es el Tratado de Libre Comercio (TLC) y su correlato, el Proyecto Mesoamericano (o Plan Puebla Panamá), que Estados Unidos han impuesto a varios de nuestros países. Para el caso mexicano, este Tratado y Proyecto han formado parte de un proceso de *ocupación integral contemporáneo* —denunciado por el Grupo Paz con Democracia—, a partir del cual se ha desregulado el patrimonio nacional, provocado el desmantelamiento y la extranjerización total de la planta productiva, así como la mercantilización del campo, perdiéndose la soberanía alimentaria y profundizándose la integración territorial,

> energética, biológica y maquiladora, con el fin de resolver el déficit energético de Estados Unidos, trasladar el problema de la migración y los trabajos precarios hacia el sur —creando así una nueva frontera de la conflictiva socioeconómica—, y para dejar en manos del Banco Mundial, Conservación Internacional y otros organismos similares la invaluable riqueza biológica del Corredor Mesoamericano, que es pieza central de comunicación y canal de alimentación y enriquecimiento entre las selvas húmedas del norte de Chiapas (muy particularmente la Lacandona) y del sur del continente (la cuenca amazónica).[7]

A partir del Plan Colombia (1999), la Alianza para la Seguridad y Prosperidad de América del Norte (ASPAN, 2005) y la Iniciativa

Mérida (2008), entre otros de los acuerdos en materia de *seguridad*, México y Colombia, en particular, pasan a formar parte, en condición subalterna, de las estrategias militares, policiales y de inteligencia de Estados Unidos. En los hechos, para el caso mexicano, esta subordinación y la necesidad de fortalecer la presidencia espuria de Felipe Calderón, provocaron la militarización de la seguridad pública y de extensas regiones del territorio nacional, así como la imposición de una guerra que lleva en menos de seis años, más de 50 000 muertos, miles de desapariciones forzadas y el desplazamiento de más de 250 000 personas dentro y fuera del país, así como la criminalización de los movimientos sociales. El carácter de esta guerra cubre un amplio espectro de objetivos que entran dentro de la contrainsurgencia y la guerra social, convirtiendo a los ejércitos nacionales en fuerzas internas de ocupación de sus propios pueblos, a partir de la idea de que Estados Unidos tiene el derecho de inmiscuirse en cualquier parte del mundo a través de intervenciones directas o indirectas, abiertas o encubiertas, y con base en el concepto de los estrategas estadounidenses en torno a «conflictos internos» en los que Washington proporciona armas, entrenamiento y ayuda militar, mientras las «naciones huéspedes» pagan el precio en muertos y daños colaterales; contando con la cobertura mediática de «lucha contra el narcotráfico», el «terrorismo» y la derivación de ambos, el «narco-terrorismo» sin descartar una intervención militar directa con tropas estadounidenses.

Marcelo Colussi, en su libro *El Narcotráfico: un arma del imperio,* Argenpress, 2010, sostiene que el supuesto combate al negocio de las drogas ilícitas tiene como objetivo real permitir a Estados Unidos intervenir donde lo desee, tenga intereses, o los mismos se vean afectados. Terminar con el consumo está absolutamente fuera de sus propósitos. Donde hay recursos que necesita explotar —petróleo, gas, minerales estratégicos, agua dulce, etc. y/o focos de resistencia popular, ahí aparece el «demonio» del narcotráfico. Ello es una política consustancial a sus planes de control global. Gracias a ella, el gobierno de Estados Unidos cuenta con un arma de dominación político-militar. En realidad, el supuesto combate al narcotráfico es un combate frontal contra el campo popular organizado, en el que en Colombia, y ahora en México, las oligarquías y sus gobiernos, se han supeditado dócilmente a las estrategias de Estados Unidos.

América Latina es una de las regiones con mayor diversidad de resistencias y luchas anticapitalistas y contra hegemónicas: desde los procesos autonómicos de los pueblos indígenas, hasta los esfuerzos —no exentos de contradicciones— por construir poder popular y garantizar la participación plena de todos y todas en los gobiernos surgidos desde abajo, tratando de vencer fatalidades y determinismos, como los que encierra la frase atribuida al dictador Porfirio Díaz: «Tan lejos de Dios, tan cerca de Estados Unidos».

El narcotráfico, un arma del imperio

Argenpress, en sus ediciones virtuales, puso a la venta el libro de Marcelo Colussi: *El Narcotráfico: un arma del imperio (2010),* cuya lectura resulta imprescindible para el análisis sobre el tema en el ámbito planetario y, en particular, para la comprensión de la trágica situación que vive actualmente nuestro país. Considerado su trabajo como «un aporte a un campo donde hay demasiada mentira», el autor sostiene que alrededor del narcotráfico hay una versión oficial, manejada incansablemente por los medios de comunicación masiva, y una realidad oculta.

Observando la magnitud descomunal del negocio de drogas ilícitas, afirma que el circuito comercial mueve unos 800 mil millones de dólares anuales, por arriba de la venta de petróleo pero por debajo de la de armas, que sigue siendo el mercado más redituable en todo el mundo. La hipótesis principal de Colussi radica en plantear que el poder hegemónico liderado por Estados Unidos ha encontrado en este nuevo campo de batalla un terreno fértil para prolongar y readecuar su estrategia de control universal. «Como lo ha encontrado también con el llamado "terrorismo", nueva "plaga bíblica" que ha posibilitado la nueva estrategia imperial de dominación militar unipolar con su iniciativa de guerras preventivas».

Se sostiene que los mismos factores de poder que mueven la maquinaria social del capitalismo global crearon la oferta de estupefacientes, generaron la demanda, y

> sobre la base de ese circuito tejieron el mito de unas maléficas mafias súper poderosas enfrentadas con la humanidad, causa de las angustias y zozobras de los honestos ciudadanos, motivo por el que está justificado una intervención policiaco-militar a escala planetaria.

Siguiendo una metodología de preguntas y respuestas, nuestro autor establece un interrogante clave: ¿quién se favorece con el tráfico de drogas ilegales?, a lo que responde que para las grandes mayorías no hay beneficio alguno: el drogo-dependiente entra en un infierno en el que no más del 10% de quienes lo intentan, logra recuperarse; sus familiares llevan una carga agobiante, pues la adicción envenena toda convivencia; a los agricultores que cultivan la materia prima en los países del Sur solo llega un 1% de los beneficios totales del negocio; entre los pueblos indígenas el pago en efectivo, la represión y la cultura delincuencial rompen con las estructuras de autogobiernos comunitarios; la economía campesina de autoconsumo es remplazada por una mercantilizada; la cultura del dinero *fácil* vinculado a la criminalidad se liga con un desgarramiento profundo de todo el tejido social, entrando en un proceso de descomposición y de guerra; todo el aparato del sicariato y el dedicado a la comercialización, sea la *mula,* el *jíbaro* o el *capo,* tiene una historia de vidas breves y fortunas efímeras (de unos pocos) en las que la muerte o la cárcel están siempre a la vuelta de la esquina. No es una economía sustentable. Es una historia sórdida de sufrimiento y dolor:

> A los latinoamericanos nos queda la crisis, la guerra civil, los muertos, sociedades desgarradas y solo algunos dólares que mueven las mafias locales.
>
> Estas mafias —afirma Colussi— sin con esto quitarles su cuota de responsabilidad, no son sino una pequeña parte de toda la cadena. Los mafiosos son unos comerciantes que hacen su trabajo y no pasan de ahí; ganan dinero, mucho dinero sin dudas, pero no tienen el poder de decisión sobre los términos macros del asunto...

Quienes hacen la gran fortuna, en definitiva, son los banqueros:

> Esa masa enorme de dinero que mueve el negocio —que, por cierto, se traduce en poder, mucho poder político, poder social— también llega a otras esferas de acción: ese dinero es «lavado» e ingresa a circuitos aceptados... No es ninguna novedad que existe toda una economía «limpia» producto de las operaciones de blanqueo de los capitales del narcotráfico. Y son bancos «limpios» y honorables los que proceden a hacer esas operaciones, los mismos que manejan el capital financiero trasnacional que hoy controla la economía mundial y a

los que el Sur pobre y dependiente adeuda cifras astronómi-
cas en calidad de deuda externa.

Pero además de un enorme negocio, el tráfico de drogas ilegales
tiene otro significado: es utilizado como mecanismo de control
de las sociedades. Es un dispositivo que permite una supervi-
sión del colectivo por parte de la clase dominante. Se pasa a con-
trolar a la sociedad en su conjunto, se la militariza, se tiene la
excusa ideal para que el poder pueda mostrar los dientes. Una
población asustada es mucho más manejable.

Por su parte, el imperialismo estadounidense viene apli-
cando en forma sostenida un supuesto combate al negocio de las
drogas ilícitas, cuyo objetivo real es permitir a Estados Unidos
intervenir donde lo desee, tenga intereses, o los mismos se vean
afectados. Terminar con el consumo está absolutamente fuera
de sus propósitos. Donde hay recursos que necesita explotar —
petróleo, gas, minerales estratégicos, agua dulce, etc. y/o focos
de resistencia popular, ahí aparece el «demonio» del narcotráfico. Ello es una política consustancial a sus planes de control
global. Gracias a ella, el gobierno de Estados Unidos cuenta con
un arma de dominación político-militar. En realidad, el supuesto
combate al narcotráfico es el montaje de una sangrienta obra de
teatro. Es un combate frontal contra el campo popular organizado, en el que en Colombia, y ahora en México, por ejemplo,
las oligarquías y sus gobiernos, se han supeditado dócilmente a
las estrategias de Estados Unidos, siendo la plataforma para la
contrainsurgencia, la criminalización de las resistencias, la militarización y paramilitarización de nuestros países. El consumo
inducido de drogas es parte medular del mantenimiento del sistema capitalista, tanto como lo es la guerra, por lo que el autor
plantea en su conclusión la misma disyuntiva de Rosa Luxem-
burgo: «socialismo o barbarie».

México: ¿Estado fallido?

Un ambiente de zozobra se cierne sobre la República Mexicana. La violencia inusitada y cotidiana del crimen organizado, en colusión con un gobierno penetrado por las mafias —y que opta por las vías represivas y militares para enfrentar el descontento social—, conjuntamente con el grave deterioro de las condiciones socioeconómicas de la mayoría de la población, provocan la pesadumbre de amplios sectores rurales y urbanos que ven amenazados sus trabajos, entornos familiares, patrimonios e incluso la propia preservación de sus vidas.[8]

Todos los sectores sociales expresan públicamente su fundada indignación por la violencia de los homicidios provocados por capos y militares, secuestros, atracos de todo tipo, y por la corrupción e incapacidad de las autoridades para responder a este *tsunami* de impunidad y crimen incontrolable, sin vislumbrar todavía el fondo de sus causas estructurales y políticas; sin entender que estos fenómenos son parte de la violencia sistémica del capitalismo que deja sentir sus rigores también en el hambre, la enfermedad, la desocupación y esta pobreza generalizada de millones de personas; en la guerra social desatada contra resistencias y oposiciones.

Se exige «mano dura» y se apoyan —desde las clases medias y altas— las medidas de militarización y un mayor rigor en los castigos, demandando incluso la pena de muerte[9] contra los perpetradores del «orden público», al mismo tiempo que se ignora convenientemente la tortura, el asesinato y las desapariciones forzadas de cientos de luchadores sociales, la nueva *guerra sucia* y la existencia de presos políticos en todo el país, la acción de grupos paramilitares en Chiapas y otros estados, los numerosos periodistas muertos en el ejercicio de su profesión[10] o las constantes violaciones a los derechos humanos cometidas por el ejército, las policías y la terrible maquinaria judicial.

Se observa el problema como una cuestión de eficacia y se exclama: «*¡Si no pueden, renuncien!*», sin ir más allá en el análisis de esta realidad delictiva que sufren los mexicanos. No se trata del clamor: «*¡Que se vayan todos!*», de los piqueteros argentinos, que expresa una mayor concienciación en torno a la inutilidad generalizada de la clase política, pero que a fin de cuentas es muestra del hartazgo hacia los políticos tradicionales que se han mostrado incapaces de ofrecer alternativas a la profunda crisis que vive el país.

También, las «soluciones» dependen del cristal de clase con que se miren. Se multiplican las zonas residenciales exclusivas, calles y fraccionamientos cerrados, autos blindados, «guaruras» o guardaespaldas, recursos técnicos de variada naturaleza, y como recurso final, la migración, «*que al fin en Europa o Estados Unidos, estas cosas no suceden*». Si millones de mexicanos han cruzado la frontera sin documentos con el objetivo de encontrar trabajo, aun con los riegos y las políticas racistas que este trance conlleva, ahora aflora también la «migración» de quienes pueden costear una inserción definitiva en un país de primer mundo como propietarios y rentistas.

Claro que para la mayoría de la población esto no es posible, por lo que a los estratos ilustrados y clases medias (pero sin recursos económicos suficientes), víctimas de una psicosis social (en Chihuahua, Tamaulipas, Sinaloa, Nuevo León, recientemente Morelos, por ejemplo), solo les queda la prevención; van y vienen los correos electrónicos advirtiendo sobre las modalidades de la delincuencia y los pasos a seguir para sortearla: desde vestir modestamente, andar sin documentos comprometedores, evitar mostrar el celular en la calle, observar con detenimiento a los extraños, utilizar con discreción la llave electrónica del auto, tener un sobre con una cantidad suficiente de dinero para no provocar el enojo de los posibles malhechores, etcétera; hasta las advertencias sobre nuevas modalidades de asaltos, secuestros exprés o los peligros —reales o imaginados— de las redes sociales del Internet —explotadas ahora por el crimen organizado— e incluso el riesgo de las páginas sociales de los diarios que pueden ofrecer informaciones utilizables por los delincuentes.

También aquí se trata de la adopción de acciones defensivas de carácter «técnico», de «consejos» de expertos para el *«manejo evasivo»*, «entrenados nada menos que por el Servicio Secreto y las Fuerzas Especiales del Ejército de Estados Unidos», que paradójicamente pueden tomar por asalto un país, como Irak o Afganistán, y ahora atacar Libia, sin que este hecho se considere un crimen internacional. Los «consejos» se refieren a salidas que estimulan el cuidado personal, de grupos familiares o de amigos, que de seguirse, evitarán ser víctimas de la «delincuencia» en abstracto, la cual tampoco se analiza estructuralmente. Se estimula un estrés generalizado que promueve el terror, la parálisis, la desconfianza hacia los demás, siempre «potencialmente peligrosos», se fomenta la discriminación clasista y racista existente hacía las clases subalternas «obligadas a delinquir», la cerrazón en pequeños reductos no siempre seguros.

Mientras tanto, las cárceles se llenan de inocentes o culpables —nunca se sabe— de los sectores vulnerables; los defendidos por los «abogados de oficio»; los «carne de cañón» de las prisiones; los «nadie», los «nada», los *nini*[11] (quienes por cierto están amenazados de ser víctimas de una leva que los llevaría a la vida castrense por tres años). En contraste, los capos poderosos y los de cuello blanco pueden incluso no solo alcanzar fianza en el caso raro de caer presos sino vivir en barrios residenciales. Es común que en exclusivísimos fraccionamientos,[12] a los cuales se accede a través de casetas de vigilancia en la que se revisan meticulosamente los vehículos y exigen identificaciones, ¡se confisquen casas de narcotraficantes!

En el «combate a la delincuencia» se trata de asumir como normal e incluso recomendable, los retenes del ejército en carreteras y en las calles de las ciudades, la entrada de militares y policías a domicilios sin orden de cateo, la delación anónima, el control policiaco de los ciudadanos, la violación flagrante de la Constitución y el constante quebrantamiento de los derechos humanos.

Lo que mal comienza mal termina

La casaca militar verde olivo y la gorra que ostenta un águila y las cinco estrellas del grado de Comandante Supremo de las Fuerzas Armadas[13] mexicanas que portó frecuentemente Felipe Calderón, el encargado de facto del Ejecutivo Federal, y que nunca fueron utilizados por los presidentes del Partido Revolucionario Institucional—, así como el aumento substancial de salarios (más del 100% para marzo de 2011)[14] y recursos para los militares por encima de cualquier otro rubro o sector y la utilización masiva del ejército en operativos contra el crimen organizado en violación de la Constitución y, en particular, la violencia ejercida contra las resistencias y movimientos de protesta en los seis años de su gobierno, hacen pensar que Calderón, más que presidente, se asumió como jefe supremo de la represión y el orden capitalistas.

Las acciones del titular de la presidencia ilegitima que terminó en el 2012 tuvieron una clara connotación militar y un involucramiento cada vez mayor del ejército y la marina en misiones de seguridad pública y lucha contra el narcotráfico, lo que significa una confesión del fracaso de la Procuraduría General de la República, las secretarías de Seguridad Publica y Gobernación y la Agencia Federal de Investigaciones (AFI) para contener el avance del crimen organizado y las ejecuciones (cerca de 80 000 en seis años) de los cárteles de la droga en México y para garantizar una seguridad pública efectiva, profesional y respetuosa de los derechos humanos de los ciudadanos.

Suponiendo que las fuerzas armadas mexicanas fueran la solución para este llamado «Estado fallido», estas se encuentran en desventaja en la lucha contra el narcotráfico por las siguientes razones:

1. El adiestramiento de los militares no va encaminado a prepararlos para misiones de seguridad pública y lucha contra el tráfico de drogas.

2. El crimen organizado por su poder económico penetra fácilmente las estructuras castrenses a través de su cooptación, corrompiendo a la institución armada desde la tropa hasta la alta oficialidad y convirtiéndola en cómplice de la acción delictiva.

3. Los recursos materiales de las fuerzas armadas están en desventaja con respecto al crimen organizado, el cual cuenta con los más modernos medios de comunicación e interceptación de señales, armamento, vehículos, aeronaves, navíos e infraestructura operativa, proveniente en su mayor parte de Estados Unidos.

4. La saturación de misiones de las fuerzas armadas traen consigo desgaste y deserciones: trabajo de inteligencia, seguridad pública, lucha contra el crimen organizado,

represión de disidencias sociales y contrainsurgencia (las cuales abarcan diversas tareas de labor social y propaganda entre la población civil), contingencias y desastres naturales, etcétera.

5. Predominio del narcotráfico marítimo y en consecuencia fracaso en la contención de cargamentos ante la obsolescencia de las embarcaciones y los recursos de la Marina Nacional.

6. Resultados nulos, desprestigio, invasión de esferas de competencia entre sí (ejército y marina), y con diversas instituciones federales y estatales.

7. Inversiones inútiles en compra de trasporte aéreo y marítimo inservible y riesgoso, principalmente estadounidense.

8. Nulo monitoreo del Congreso de la Unión y de la sociedad civil en el presupuesto militar, el cual resulta en un botín que propicia también la corrupción y la discrecionalidad en el gasto público.[15]

9. Dependencia cada vez mayor de las Fuerzas Armadas Mexicanas con respecto a Estados Unidos e incorporación de las mismas a los planes y mecanismos de dominio estratégico imperialista a través de la lucha contra el narcotráfico y, ahora, del «combate al terrorismo internacional», como puede inferirse de la información publicada a través de *La Jornada* por Wikileaks.

A Felipe Calderón pareció no importar estos señalamientos reiterados a lo largo de más de una década desde muy diversas perspectivas críticas, inclusive dentro de los reducidos sectores patrióticos de las propias Fuerzas Armadas (¡que los hay!), y ejerció su gobierno usurpado a partir de una colaboración estrecha con los Secretarios de Marina y Defensa Nacional, encauzando la realización de operativos militares espectaculares condenados al fracaso y cuya finalidad fue tranquilizar a quienes lo llevaron al poder, mostrando su mano firme y sus aficiones militaristas y represivas.

Así, lo más preocupante del gobierno de Calderón fue el mensaje a los ciudadanos todos y a la oposición de izquierda en particular:

1. Fui un presidente ilegítimo repudiado por millones de mexicanos pero cuento con el apoyo de los militares.

2. Mi prioridad como gobernante fue la seguridad de los capitales y la mediatización y control de la disidencia y la protesta social.

3. No me importó recortar el presupuesto de la educación, la salud, la cultura y el gasto social mientras el sector castrense se haya sentido no solo apoyado sino estimulado en el desempeño de sus tareas.

En este sentido se ha escrito mucho acerca del desmantelamiento del Estado en esta etapa de transnacionalización neoliberal, lo cual es parcialmente cierto; también se hace referencia al «Estado fallido» o colapsado. La organización *Fund for Peace* y la revista *Foreign Policy*, utilizan el término de *Estado fallido* para referirse a aquellos países con las siguientes particulares: pérdida de control físico de su territorio, erosión de autoridad gubernamental, incapacidad de interactuar con otros Estados de la comunidad internacional, incapacidad de proveer servicios públicos de manera razonable, altos índices de corrupción y severas condiciones económicas. Fue el Comando de las Fuerzas Conjuntas de Estados Unidos el que dio a conocer en el año 2009 un reporte en el que subrayan los retos a enfrentar en el futuro cercano en materia de seguridad. El reporte subraya que México y Pakistán son los dos países con mayores riesgos de colapsar, por lo que el gobierno estadounidense debía poner mayor atención en dichos países, por sus implicaciones en su seguridad nacional.

Aunque México podría tener algunas de las características mencionadas, lejos está de ser un Estado fallido. Lo cierto es que el Estado transnacional, mientras se sustrae de sus obligaciones sociales, no «falla» en sus tareas esenciales:

a) Coerción y represión de las luchas sociales.

b) Cambios en los marcos jurídicos internos para la extraterritorialidad de las guerras del imperio o la protección de sus fronteras e intereses estratégicos.

c) Rescate de los capitalistas en las crisis recurrentes y cada vez más profundas. Así, el desmantelamiento del Estado es solo parcial, ya que se fortalecen en gran medida los aparatos represivos que por naturaleza son violadores de los derechos humanos.

La reconversión transnacional del capitalismo deja atrás al *Estado benefactor* y expande como nunca un mercado capitalista mundial de mercancías, recursos financieros e información pero no de la fuerza de trabajo, que queda expuesta también a la criminalización, persecución y agravamiento de sus condiciones de vida y de trabajo, y por lo tanto, a la violación de los derechos humanos de millones de personas en su calidad de trabajadores sin documentos, mal llamados «ilegales».

Esto significa que todo el andamiaje de cohesión, control, mediatización, regulación y canalización de las contradicciones sociales basadas en el reconocimiento de conquistas sociales, contratos, sindicatos, etcétera, se vienen abajo y la dominación queda al desnudo sin mediación alguna, repercutiendo brutalmente en los derechos humanos y la sobrevivencia misma de millones de seres humanos.

Se ha utilizado el término de *ocupación integral* para describir el proceso globalizador y privatizador a través del cual de manera abierta o silenciosa las economías de nuestros países, todos los sectores y las ramas del Estado, el patrimonio cultural, los recursos naturales y estratégicos de nuestras naciones van siendo integrados a los tratados de «libre comercio»; a los planes como el *Puebla Panamá*, reciclado en el *Proyecto Mesoamérica*; a los intereses y condiciones impuestos por las grandes corporaciones transnacionales, bajo la protección y hegemonía política-militar de lo que Samir Amin denomina «imperialismo colectivo», que hoy predomina en el ámbito planetario encabezado por los Estados Unidos de América.[16] Pablo González Casanova considera, precisamente, que la globalización actual es un proceso de dominación y apropiación del mundo.[17] Teniendo un sustrato económico que abre las fronteras nacionales al capital transnacional, particularmente a su fracción financiera especulativa, para garantizarle condiciones óptimas de rentabilidad, la globalización capitalista neoliberal se manifiesta en todos los espacios políticos, ideológicos y culturales de nuestras sociedades por medio de la intervención permanente y decisiva del Estado.

Esta globalización neoliberal ha provocado también una degradación profunda de la política y un vaciamiento de la democracia representativa, reduciéndola a sus aspectos procedimentales, con la correspondiente crisis y descrédito de los procesos electorales mismos, las instituciones y los partidos políticos, incluyendo a los de la llamada «izquierda institucionalizada» que devienen útiles y funcionales al poder capitalista; pierden toda capacidad contestataria y trasformadora, son incapaces de sustraerse a su lógica, y asumen finalmente un papel de legitimación del sistema político imperante.[18] Esta democracia se encuentra acotada y bien podría calificarse como *democracia tutelada* por los poderes fácticos, las corporaciones, los monopolios mediáticos e, incluso, cada vez en mayor grado, por el narcotráfico y la delincuencia organizada.

Ana María Rivadeo plantea de esta manera la problemática de la democracia en la globalización neoliberal: «El Estado nacional actual se encuentra estructuralmente atravesado y dominado por la transnacionalización del capital, así como por la desarticulación, la exclusión y la violencia. Y en esta situación, **el universalismo que se impone no es el de la democracia, sino el del capital que se globaliza».**[19]

En este contexto se da una doble determinación, **por un lado la lucha de clases se desarrolla en un horizonte mundial, y por el otro los Estados nacionales controlan localmente los conflictos y las contradicciones de la fuerza de trabajo y de los grupos subalternos en general.**

A todo ello sumamos, en el caso de México, la carencia de legitimidad de las instituciones y los poderes de la República; la renovada paramilitarización y las agresiones a los gobiernos autónomos zapatistas y a otros procesos autonómicos, especialmente en Oaxaca y Guerrero; la represión y criminalización de los movimientos sociales; los centenares de presos políticos y de conciencia; el avance y la consolidación de la derecha en el control de los medios de comunicación y la persecución de las pocas radios comunitarias e independientes que aún subsisten; las reformas jurídicas de la Constitución y las leyes equiparadas con las realizadas por Estados Unidos, e impuestas por la clase dominante de ese país para consolidar su dominio militar, policial y de inteligencia sobre México.

De esta manera, en la actual forma de globalización neoliberal tienden a exacerbarse las contradicciones del capitalismo, dejando a un lado toda mediación y todas las formas relativamente pacíficas en las que el capitalismo se basó para extender su hegemonía. La guerra preventiva neocolonial, que incluye la ocupación territorial de países, la criminalización de toda oposición por la vía de la lucha contra el «terrorismo» y el narcotráfico, el terrorismo de Estado, la ruptura del orden jurídico internacional, son características de esta nueva etapa del capitalismo.

Una nueva modalidad de guerra sucia se impone actualmente al pueblo mexicano, en la modalidad de la llamada «guerra contra el narcotráfico». Utilizo el término de «guerra sucia» para definir un tipo de crimen de Estado que —al margen de la Constitución y las leyes— tiene como propósito el aniquilamiento de los considerados «enemigos internos» por medio de su localización, seguimiento, captura, interrogatorio a través de la tortura, mantenimiento en cárceles clandestinas, desapariciones forzadas y ejecuciones extrajudiciales, todo ello llevado a cabo por integrantes de las fuerzas armadas, agentes de policía y de inteligencia, grupos paramilitares (que actúan bajo las órdenes —usualmente— de la Sección Segunda del Ejército, Inteligencia Militar), o pandillas del crimen organizado que constituye la cara ilegal, clandestina, supletoria y complementaria de la acumulación capitalista en nuestro país.

Se enfatiza la indefensión total de las víctimas de esta nueva guerra sucia, que son sustraídas de todo proceso legal y todos sus derechos conculcados, de tal forma que no hay posibilidad para las mismas y sus familiares de recurrir a la acción de la justicia, ya que el Estado cubre los crímenes como lucha de cárteles por las plazas o daños colaterales.

También las misiones contrainsurgentes de las fuerzas armadas tanto en Chiapas como en otros estados del país se han prolongado y extendido con la modalidad que abre la llamada «guerra contra el narcotráfico y el terrorismo».

El Ejército Revolucionario del Pueblo Insurgente (ERPI) señala en noviembre de 2008:

> Hoy se siembra un terror de Estado que lleva la consigna de «guerra al narco»; en realidad se trata de una estrategia multifacética del régimen calderonista que tiene en la violencia y la impunidad su norma. Ante la poca legitimidad y la falta de credibilidad de que goza, el gobierno panista busca controlar a su favor (no desaparecer) el mercado de las drogas, dentro de un contexto de crisis económica aguda. Para esto criminaliza e intimida a las organizaciones sociales y formaliza las estructuras y prácticas mafiosas (incluso renovando su personal) ya existentes en muchos cuerpos policiacos y crea códigos judiciales (verdaderos códigos de guerra que consideran enemigo a cualquiera que quieran acusar de delincuente) para imponer su terror (CEDEMA).

Podemos afirmar que el vínculo estatal otorga un elemento fundamental para una definición útil de la experiencia mexicana: *los grupos paramilitares son aquéllos que cuentan con organización, equipo y entrenamiento militar, a los que el Estado delega el cumplimiento de misiones que las fuerzas armadas regulares no pueden llevar a cabo abiertamente, sin que eso implique que reconoz-can su existencia como parte del monopolio de la violencia estatal. Los grupos paramilitares son ilegales e impunes porque así conviene a los intereses del Estado. Lo paramilitar consiste entonces en el ejercicio ilegal e impune de la violencia del Estado y en la ocultación del origen de esa violencia.*[20]

Notas

Terrorismo global de Estado

1. Véase a Kevin Passmore: *Fascism: a very short introduction*, London, Oxford University Press, 2002.

2. La Convención de la Organización de la Conferencia Islámica para la Lucha contra el Terrorismo, se efectuó en Ouagadougou, Burkina Faso, el 1ro. de julio de 1999. Este documento se puede consultar en *Instrumentos Internacionales relativos a la prevención y la represión del terrorismo internacional*, ONU; 2008, Artículo 1, p. 220.

3. Ibídem, p. 222.

4. «Code of Federal Regulation, 28 C.F.R., Section 0.85, U.S. Department of Justice, F.B.I.», in *Terrorism in the United States*, 1995, Page i.

5. Williams Schulz: *Terrorismo de Estado*, Ed. Txalaparta, Navarra, 1990, p. 28. Ver también Walter Laquear: *Una historia del terrorismo*, Paidos, Barcelona, 2003.

6. León Trotski: «Acerca del terrorismo», Marxists Internet Archive, (http://www.marxists.org/espanol/trotsky/terrorismo.htm#1).

7. Ibídem.

8. Martha Sojo: *Indymedia Mexico*, Centro Independiente de la Ciudad de México, Terrorismo de Estado.

9. Gilberto López y Rivas: «El terrorismo global de Estados Unidos», *La Jornada*, junio de 2005.

Estudiando la contrainsurgencia de EE.UU.

1. David Rhode: «El Ejército enlista a la antropología en zonas de guerra», *The New York Times*, 5 de octubre de 2007.

2. Matthew B. Stannard: «*Montgomery McFate'Mission. Can one anthropologist possibly steer the course in Irak?*» *San Francisco Chronicle*, April 29, 2007. Se refiere al documento titulado «Resolution condemning torture

and its use by U.S. Forces», aprobado por la AAA en su reunión realizada en San José, California, 2006, p. 1.

3. Roberto J. González: «¿Hacia una antropología mercenaria? El nuevo manual de contrainsurgencia del Ejército de Estados Unidos FM-3-24 y el complejo militar-antropológico». *Anthropology Today*, vol. 23, no. 3, June 2007.

4. Gérard Leclercq: *Anthropologie et colonialisme*, Libraire Arthéme Fayard, Paris, 1972, p. 15.

5. David Price: «Prostitución de la antropología al servicio de las guerras del imperio», *Rebelión*, 5 de noviembre de 2007.

6. Alvaro de Souza Pinheiro: «El nuevo Manual de contrainsurgencia de Estados Unidos», *Rebelión*, 2 de abril, de 2007, p. 7.

7. *Manual de campo de contrainsurgencia No. 3-24*, diciembre de 2006, bajo la dirección de los generales David H. Petraeus y James F. Amos, Department of the Army, Washington D. C., página 1 del Prefacio.

8. Ibídem.

9. Ibídem, introducción, p. 9.

10. Timothy K. Deady: «Lesson from a successful counterinsurgency: The Philippines, 1899-1902», *Parameters*, Carlise, Pennsylvania, Spring 2005, vol. XXXV, no. 1, pp. 53-68.

11. Ibídem: p. 11.

12. Ibídem.

13. Ibídem.

14. Ibídem: p. 1.15.

15. Jimmy Massey: «Entrevista realizada por Rosa Miriam Elizalde», *Cuba-Debate*, 14 de noviembre de 2007, p. 1.

16. Montgomery McFate: «Anthropology and counterinsurgency: the strange story of their curios relationship», *Military Review, of the U. S. Army*, March-April, 2005, p. 24.

17. *Manual de Contrainsurgencia, No. 3-24*, ob. cit., p. 3-33-5.

18. Nathan Finney: *Human Terrain Team Handbook*, Fort Leavenworth, Kansas, 2008. El destacado es nuestro.

19. Ibídem, pp. 24-25.

20. Ibídem, p. 11.

21. Ibídem, p. 19.

22. Ibídem, p. 22.

23. American Anthropological Association: «Resolution condemning torture and its use by U.S. Forces», op. cit., p. 3.

24. David Price: «Anthropologies: the Army's take on culture», *AnthroNow*, 3 de agosto de 2010, Boulder, Colorado, pp. 57-63.

25. *Special Forces Advisory Guide*, Headquarters, Department of the Army, Special Forces Advisory Guide, Training Circular 31-73, July 2008, www.us.army.mil

26. Ibídem, p. 97.

27. Ibídem, p. 61.

28. Citas extraídas de diversas páginas.

29. *U.S. Special Forces Foreign Internal Defense Tactics, techniques and procedures for Special Forces*, FM-31-20-03, 2003: wistorage.net/file/us-fm-31-20-3.pdf

30. Ibídem, pp. 1-2.

31. Ibídem.

32. Ibídem, p. C-3.

33. Ibídem, p. 1-2.

34. Ibídem, p. 1-18.

35. Ibídem, p. 1-18.

36. David Brooks: «Pentagóno: México, el latente riesgo de "colapso"», *La Jornada*, 16 de enero de 2009.

37. United States Joint Forces Command. JOE 2008, Joint Operating Environment, USJFCOM Public Affairs, Norfolk, VA. https://us.jfcom.mil/sites/J5,j59/desfault.aspx

38. Ibídem, *Foreword*, p. iv.

39. Ídem.

40. Ibídem, Parte I, p. 5.

41. Ibídem, p. 42.

42. Ibídem, p. 39.

43. Ibídem, p. 26.

44. Ibídem, 9. 29.

Cambios en la estrategia militar de Estados Unidos

1. David Vine: «La estrategia del nenúfar», *Rebelión*, 18 de julio de 2012.

2. Ibídem.

3. «America's Empire of Bases» publicado en: http://www.tomdispatch.com/post/1181/chalmers johnson on garrisoning the planet, 15 de enero de 2004.

4. Ibídem.

5. Ibídem.

6. Ibídem

7. Grupo Paz con Democracia: «Llamamiento a la nación mexicana», *La Jornada*, 10 de noviembre de 2007.

8. Ver el número especial 28 de *Proceso* «La guerra del narco», abril 2010. (Primera parte).

9. Paradójicamente, el partido mexicano de los «verdes» (PVEM) hizo de la pena de muerte su única propuesta electoral para las pasadas elecciones intermedias de 2009, y su uso oportunista le permitió un incremento sustancial en su porcentaje de votos. Por este motivo, el 10 de febrero de 2009, el Partido Verde Europeo retiró el reconocimiento al PVEM como partido verde.

10. Después de Irak, México es el país donde más periodistas han sido asesinados en el ejercicio de su profesión en los últimos años.

11. *Nini*, se denomina así a los jóvenes que ni estudian ni trabajan.

12. Uno de los grandes capos mexicanos, Beltrán Leyva, el «jefe de jefes», fue ubicado y ajusticiado en diciembre de 2009, en un lujoso condominio horizontal de Cuernavaca, Morelos. A partir de esa fecha, la «plaza» se encuentra en disputa, por lo que se ha iniciado una guerra local con muertos todos los días.

13. El grado de General de División, el más alto de la jerarquía militar, se señala con un águila y tres estrellas, mientras el Secretario de Defensa, es el único general de división que ostenta un águila y cuatro estrellas.

14. Con este aumento, durante la presidencia espuria de Calderón, el personal de menores ingresos de las Fuerzas Armadas, duplicó su salario.

15. Ver: Gilberto López y Rivas et al. *Las Fuerzas Armadas Mexicanas a fin del milenio*, Cámara de Diputados LVII Legislatura, 1999. También: Gilberto López y Rivas: *Las Fuerzas Armadas en la Transición Democrática*, en El Ejército y La Constitución Mexicana, Plaza y Valdés Editores 2da. Edición, México, 1999.

16. Pablo González Casanova, Víctor Flores Olea, Miguel Concha Malo, Miguel Álvarez, Luís Hernández Navarro, Alicia Castellanos Guerrero, Gilberto López y Rivas et al: «Llamamiento a la Nación Mexicana», op. cit.

17 Pablo González Casanova: «Los indios de México hacia el nuevo milenio», *La Jornada*, 9 de septiembre de 1998.

18 Ver: Gilberto López y Rivas: «Los límites de la democracia neoliberal», *Rebelión*, 17-06-2006 y «Democracia tutelada versus Democracia Autonomista» en *Rebelión*, 28-03-2006.

19 Ana María Rivadeo: *Lesa Patria, Nación y Globalización*, UNAM, 2003.

20. Gilberto López y Rivas: «Paramilitarismo e insurgencia en México», en *Memoria*, # 133, México, junio de 1999, p. 2.

Seven Stories Press
Jon Gilbert
140 Watts Street
US-NY, 10013
US
https://www.sevenstories.com
jon@sevenstories.com
510-306-6987

The authorized representative in the EU for product safety and compliance is

Easy Access System Europe
Teemu Kontttinen
Mustamäe tee 50
ECZ, 10621
EE
https://easproject.com
gpsr.requests@easproject.com
358 40 500 3575

ISBN: 9781925019049
Release ID: 153010840